Tomas Sjödin

Warum Ruhe unsere Rettung ist

Stell dir vor, du tust nichts und die Welt dreht sich weiter

Aus dem Schwedischen von Hanna Schott

SCM
R.Brockhaus

SCM

Stiftung Christliche Medien

SCM R.Brockhaus ist ein Imprint der SCM Verlagsgruppe, die zur Stiftung Christliche Medien gehört, einer gemeinnützigen Stiftung, die sich für die Förderung und Verbreitung christlicher Bücher, Zeitschriften, Filme und Musik einsetzt.

MIX
Papier aus verantwortungsvollen Quellen
FSC www.fsc.org FSC® C083411

5. Auflage 2020

SCM R.Brockhaus in der SCM Verlagsgruppe GmbH
Max-Eyth-Straße 41 · 71088 Holzgerlingen
Internet: www.scm-brockhaus.de; E-Mail: info@scm-brockhaus.de

Die schwedische Originalausgabe erschien mit dem Titel:
Det händar när du vilar, Libris förlag, Örebro

Umschlaggestaltung: Provinzglück GmbH · www.provinzglueck.com
Titelbild: Irtsya / shutterstock.com
Satz: Christoph Möller, Hattingen
Druck und Bindung: CPI books GmbH, Leck
Gedruckt in Deutschland
ISBN 978-3-417-26672-6
Bestell-Nr. 226.672

Inhalt

Prolog

Das Telefon schellte um 7 Uhr 15. Es war Samstag, ein Ausschlafmorgen, und alle im Haus lagen in den schönsten Träumen. Ich schreckte auf und hechtete zum Telefon. Am anderen Ende der Leitung stellte sich eine freundliche Dame vor – Name, Vorname, Wohnort –, und dann sagte sie: »Und entschuldigen Sie bitte, dass ich so früh anrufe.«

Es war ihr also klar, was sie da tat. Sie rief nicht aus Versehen um Viertel nach sieben an. Unvermeidlich folgte die Frage: »Habe ich Sie etwa geweckt?«

Doch statt »Ja!« zu antworten, was nichts als die Wahrheit gewesen wäre, räusperte ich mich und ließ meine Stimme so munter klingen, wie es mir möglich war: »Nein, nein … keinesfalls.«

Ich glaube, es gelang mir so gut, dass ich tatsächlich klang, als sei ich schon seit Stunden wach, hätte mein Brot bereits selbst gebacken und mit dem Hund einen langen Morgenspaziergang gemacht (wenn wir denn einen Hund hätten).

Um die freundliche Dame zu entlasten, muss ich sagen, dass sie tatsächlich nicht ohne Grund anrief: Sie wollte gern wissen, zu welchem Thema ich an ihrem Ort einen Vortrag halten würde. Doch als ich in meinem Kalender nachschaute, stellte ich fest, dass dieser Vortrag in genau elf Monaten stattfinden sollte. Es drängte also noch nicht.

Ich fragte so höflich wie möglich, ob sie sich vorstellen könne, etwas später noch einmal anzurufen. Vielleicht in sechs oder sieben Monaten? Das wollte sie gerne tun. Und damit war unser Gespräch beendet.

Ich ging wieder ins Bett und lag da – hellwach. Draußen war es noch stockfinster und auch im Schlafzimmer nachtschwarz. Ich versuchte herauszufinden, warum in aller Welt ich mir an einem dunklen Samstagmorgen die Mühe gegeben hatte, eine Frau anzulügen, die ich noch nicht einmal kannte.

Nachdem ich eine Weile nachgedacht und einige Überlegungen aussortiert hatte – »Ich wollte ja nur nicht, dass es ihr peinlich ist.« –, blieb nur eine Erklärung übrig: Ich hatte mich geschämt, beim Ausschlafen ertappt worden zu sein. In unserem hocheffektiven Land darf so etwas einfach nicht mehr vorkommen.

Das Ruhen ist in Verruf geraten. Wir entschuldigen uns dafür, als wäre es eine Sünde. Wir müssen uns dafür verantworten, als wäre es ein Vergehen. Und was noch schlimmer ist: Wir gehen mit der Ruhe um, als könnten wir eigentlich gut ohne sie auskommen. Das geht so weit, dass wir es schier unverzeihlich finden, müde zu sein. Dieses Buch ist meine Gegenmaßnahme.

Kapitel 1

Die Küchenbank

Es gibt ein Phänomen, das auf halbem Weg zwischen dem ganz Alltäglichen und dem Außergewöhnlichen angesiedelt ist. Je älter man wird, desto häufiger begegnet es einem: Im Gespräch mit Freunden fällt einem plötzlich der Name eines Menschen nicht mehr ein, von dem man gerade etwas berichten möchte.

»Die …, ihr wisst schon, die …«, beginnt man, während man sein Gedächtnis nach dem Namen durchforstet. »Die Mutter von der, die …«

Der Name ist einfach weg. Der Name von einem Menschen, den man schon ewig kennt! Man kratzt sich am Kopf oder geht still alle Buchstaben des Alphabets durch – alte Tricks, um Namen hervorzukramen –, aber nichts hilft. Bis man die Suche aufgibt und einfach sagt: »Wie auch immer, ihr Name spielt ja eigentlich keine Rolle.« Man erzählt einfach weiter – und jetzt fällt einem der Name ein! Völlig klar und selbstverständlich, wie diese Frau heißt! Die Gedächtnislücke ist erst ein paar Sekunden her, aber schon unbegreiflich. Als hätte die eigene Anstrengung das Tor verschlossen, durch das die Information eintreten wollte. Das Geheimnis heißt offenbar: Hör auf, es zu versuchen, dann kann es endlich geschehen.

Ein Gedanke, der mich zum nächsten führt: Wie viele

Probleme haben nicht schon ihre Lösung gefunden, während ich mich auf der Küchenbank ausgestreckt habe? Und wie oft habe ich mich nicht schon dort hingelegt, wenn sich eine Sache festgefahren hatte? Manchmal war ich über eine Situation, die unlösbar erschien, verzweifelt. Ein andermal war ich müde, weil ich es wieder und wieder versucht hatte, ohne dass ich die Angelegenheit auch nur einen Millimeter voranbringen konnte.

Ich hab es schließlich sein lassen und alle Versuche aufgegeben. Und genau dann hörte ich so etwas wie das Echo der Stimme meines Vaters: »Ich werd' mal drüber schlafen.« Und plötzlich ging mir etwas auf, das ich vorher nicht begreifen konnte.

Es steckt ein Geheimnis dahinter. Ein Schatz. Es geschieht, während man nichts tut.

Ich liegE AUF der Küchenbank und denke an meinen Vater, der auf der Küchenbank lag und an seinen Vater dachte. Ich weiß nicht, ob mein Vater, als er jung war, mal auf der Küchenbank lag und daran dachte, dass er eines Tages Vater sein würde. Vielleicht träumte er davon? Oder sogar davon, Großvater zu werden, was er mit knapper Not auch schaffte, bevor er in die ewige Ruhe einging? Ich denke auf jeden Fall an meinen Sohn und daran, dass er sich auf unserer Küchenbank so herrlich wohlfühlt und was ihn in seiner Zukunft noch erwartet.

Ich liege oft hier. So oft, wie ich kann. Nicht selten verweilen meine Gedanken bei Menschen aus früheren Zeiten. Beim Ruhen kommt man seiner Geschichte anders näher, als wenn man einkauft, arbeitet oder im Haus werkelt. Die Küchenbank ist deshalb ein ausgezeichneter Platz für die Ahnenforschung. Dabei denke ich nicht an die Ahnenforschung, die klärt, wer die Tante väterlicherseits von dem und dem war, sondern an eine Art innere Ahnenreihe, die uns mit denen verbindet, die uns vorangegangen sind, und denen, die auf ihre Weise an der Ausrichtung unseres Lebenswegs mitgewirkt haben. Mit denen, die wir selbst noch kennengelernt haben, und mit denen, denen wir mit größerem Abstand folgen.

Es ist, als ob die verflossene Zeit und die Zukunft ineinander übergingen, wenn man auf der Küchenbank liegt. Als ob Erinnerungen und Träume miteinander verflochten würden. Wer ruht, erinnert sich. Und er streckt sich gleichzeitig nach der Zukunft aus – nur um zu entdecken, dass die Zukunft uns entgegenkommt. So wie es alle Zeit am Ende tut.

Je länger ich hier liege, desto wichtiger erscheint es mir. Auf gewisse Weise vertieft sich hier das Leben. Zuerst spürt man nur die Entspannung, man lässt sich fallen, lässt los. Aber während ich entspanne, spüre ich, dass auf einer anderen Ebene etwas passiert, dass an diesem Ort auch etwas wächst. Mein innerer Mensch »streckt sich«.

Ich bleibe eine Weile liegen, und meine Gedanken gehen über in ein Gebet, ein Gebet für die Menschen, die ich am meisten liebe. Es ist, als ob die Liebe – die erste Liebe – mich erreicht. Plötzlich ahne ich, dass die Küchenbank mehr als ein Ruheplatz ist. Sie ist auch ein Fluchtfahrzeug, eine Rettungsplanke. Ich liege hier und rette Leben. Zuerst mein eigenes, aber vielleicht und in gewissem Maße auch das anderer. Kann es etwas Wichtigeres geben als das? Wichtigeres als Ruhen?

Aber ich habe hier auch schon ganz anders gelegen: Von Unruhe getrieben, voller Selbstverachtung und Missmut habe ich mich an der Küchenbank – buchstäblich – festgehalten, um nicht umgeweht zu werden. Geschüttelt von dieser Art von Stürmen, die von außen unsichtbar bleiben und in denen man beides ist: Opfer und Täter.

Bei anderen Gelegenheiten hat die Küchenbank das Spielerische in mir geweckt, und ich habe mich in die Zeit zurückversetzt gefühlt, als ich auf der gepolsterten Bank der Großeltern eingeschlafen bin und Opa dann am Morgen die Armlehne losmachte und als Rutsche bis zum Boden herunterklappte. Mein erster Spielplatz. Manchmal, wenn ich so richtig mutig bin, stelle ich mir auch vor, die Küchenbank sei ein Steg, der in die Zukunft und ins Abenteuer führt, dass das Beste noch vor mir liegt. Balancierend gehe ich auf das Unbekannte zu.

Ich habe oft darüber nachgedacht, warum das Bild meines Vaters, das mir in meiner Erinnerung am deutlichsten vor Augen steht, einen Papa zeigt, der Mittagsschlaf macht. Dabei war mein Vater ein aktiver Mensch. Er arbeitete, angelte, sammelte Beeren, spielte Mandoline und handelte mit Textilien.

Er starb vor 25 Jahren, und mit ihm verschwand eine Lebensform, die heute völlig überholt erscheint. Es war vor dem Handy. Vor dem Computer. Vor so ziemlich allem, das uns heute so viel Zeit spart, dass wir kaum noch zum Leben kommen. (In Sachen Zeit »sparen« konnte er damals schon sehr deutlich werden.) Hatte er weniger zu tun als wir heute? Auf keinen Fall. Aber er hatte Ohren für den kaum hörbaren, rhythmischen Schlag einer Ordnung, die mit der Schöpfung erschaffen wurde. Und er hatte den Mut, sich in diesen Rhythmus hineinzugeben.

Trotz aller äußeren Veränderungen kann sogar ich manchmal noch den Takt eines uralten Lebensrhythmus' hören. Eines Rhythmus', der viel weiter zurückgeht als die Erinnerung an meinen Vater oder meinen Großvater. Es ist der Herzschlag, der seit dem ersten Schöpfungsmorgen pocht, ein Puls, der seit Jahrtausenden zu spüren ist.

»Sechs Tage sollst du arbeiten und alle deine Werke tun. Aber am siebenten Tage ist der Sabbat des HERRN, deines Gottes. Da sollst du keine Arbeit tun« (2. Mose 20,9.10).

An und aus. On und off. Das gehört zu einer Lebenskunst, die wir verloren haben und wiedergewinnen müssen; davon bin ich immer mehr überzeugt. Es geht nicht um eine Balance. Was das Leben und unseren Lebensstil angeht, sind meiner Meinung nach wenige Sachen so »daneben« wie der Ausdruck »Balance«, schlimmer noch: »Life-Work-Balance«. Das hört sich für mich wie die Beschreibung eines »perfekten Lebens« an. Aber wer will das denn?

Ich schreibe, weil wir für unser Leben Verantwortung übernehmen müssen, indem wir uns um die Ruhe sorgen. Ich gehöre zu denen, die viel zu tun haben und denen das gefällt. Ich mag die fehlende Balance, wenn sich Dinge tun, wenn etwas los ist. Aber ich habe auch zu ahnen begonnen, dass mindestens ebenso viel passiert, wenn wir nichts tun. Und das regelmäßig.

WENN MAN DIESEN Gedanken – »Auch wenn ich nichts

tue, geschieht etwas« – wie ein Raster über verschiedene Situationen legt, stellt man schnell fest, dass es erstaunlich oft passt. Solange man eine Sache verkrampft im Griff hat, verhindert man ihre Entwicklung. Egal, ob es dabei um einen Namen geht, der einem nicht mehr einfällt, um ein Paar Handschuhe, die man verlegt hat, um ein echtes Problem oder eine berufliche Herausforderung.

Aber es gilt auch für die Liebe. Lieben bedeutet, nicht festzuhalten, die Hände zu öffnen. Lieben bedeutet loszulassen und zu sehen, was passiert. Nichtstun ist eine Brücke zu neuen Möglichkeiten. Das, was passiert, während man nichts tut, passiert nicht, wenn man aufs Nichtstun verzichtet.

Ich bin überzeugt, es hat mit dem Vertrauen zu tun, das wir den Kräften entgegenbringen, die größer sind als unsere eigenen. Mit dem Vertrauen, dass Ruhen letztlich und zutiefst zum lebendigen Menschsein gehört.

~

An und aus. On und off. Das gehört zu einer Lebenskunst, die wir verloren haben und wiedergewinnen müssen; davon bin ich immer mehr überzeugt.

Kapitel 2

Sich zurückziehen (um nicht verloren zu gehen)

DEN GRÖSSTEN TEIL dieses Buchs habe ich in einem Ruhe-Frühling geschrieben, einer Sabbatzeit. Das hört sich nach einem Widerspruch an: schreiben, wo es doch ums Ausruhen geht. Aber so, wie ich es verstehe, ist es logisch: Ruhen heißt nicht in erster Linie, nichts zu tun. Ruhen heißt, das zu tun, was einem Spaß macht und wobei man sich wohlfühlt. Und vor allem bedeutet es, etwas ganz anderes zu tun als sonst.

Aber wer kann sich heute so etwas leisten? Seit das regelmäßige Ausruhen vom Aussterben bedroht ist, wirkt jemand, der erzählt, dass er gewöhnlich mittags ein Nickerchen macht, als gehörte er ins Museum. Dass man manchmal den ganzen Tag »nichts Gescheites« tut, ist eine Mitteilung, mit der man vorsichtig umgehen sollte. Empfindliche Menschen sollten vor ihr geschützt werden; sie könnten von dieser Nachricht einen Ausschlag bekommen.

Nur was man messen kann, zählt. Ich höre Leute damit angeben, wie wenig Schlaf sie brauchen, und sage mir: Wie schade für sie! Der Schlaf ist doch das Beste, was es gibt. So ausgeruht zu sein, dass man darauf verzichten kann, etwas zu tun – außer einzuschlafen –, ist wohl das Zweitbeste.

Ich habe durch ganz unwissenschaftliche Forschung herausgefunden, dass ich ein völlig durchschnittlich beanspruchter Mensch bin. Nicht so gejagt wie die, die ihren Job zu ihrem Leben gemacht haben und davon berichten, dass sie »24/7 gefordert« sind. (Kaum ein Ausdruck ist übrigens so krank wie dieser. Völlig klar, dass jemand, der sein Leben so beschreibt, auf dem Weg zum Crash ist.) Ich bin auch nicht jemand, der es nie schafft, im Garten zu buddeln oder lange Waldspaziergänge zu machen. Ich befinde mich wohl irgendwo dazwischen.

Dass ich zu den häufig »besetzten« Menschen gehöre, macht mich nicht stolz. *(Im Schwedischen verwendet man für »beansprucht« und »besetzt« dasselbe Wort. Eine Toilette oder ein Umkleideraum können besetzt sein, ein Mensch aber auch. Anm. d. Übers.)* Wer »besetzt« ist, bezahlt dafür einen Preis, und den kann man bei den Menschen ablesen, die ihm am nächsten stehen. Beim (Un-)Vermögen, Nähe zu geben, erreichbar zu sein, helfen zu können.

Ich finde es selbst traurig, aber ich glaube, dass ich als eine ziemlich gestresste Person wahrgenommen werde. Und man muss kein Prophet sein, um feststellen zu können, dass ich nicht der Einzige bin, der so wirkt.

Man sagt, es sei Unsinn, ein und dieselbe Sache wieder und wieder zu tun und dabei unterschiedliche Resultate zu erwarten. Um also zu vermeiden, dass die nächsten zehn Jahre im Prinzip genauso verlaufen wie die vergangenen zehn, habe ich vor anderthalb Jahren eine Auszeit von zweieinhalb Monaten geplant. Ein sogenanntes Sabbatical.

Nach Wikipedia ist ein Sabbatical eine arbeitsfreie Zeit von etwa zwei Monaten bis zu einem Jahr Länge, eine Unterbrechung des Berufslebens mit dem Ziel, etwas anderes zu erreichen. In der modernen Gesellschaft, heißt es bei Wiki, werde ein Sabbatical oft eingesetzt, um ein bestimmtes Ziel zu erreichen. Ein Buch zu schreiben oder eine große Reise zu machen, sind die Beispiele, die angeführt werden. Das ist so logisch wie bezeichnend. Es muss etwas abwerfen!

Wenn man so denkt, hat man jedoch den entscheidenden Punkt verfehlt: dass ein Sabbatical zu nichts führen muss. Trotzdem schreibe ich dieses Buch. So zwiespältig ist die Angelegenheit. So zwiegespalten bin ich.

Meine Auszeit hat genau die Mindestdauer, um bei Wikipedia als Sabbatical durchzugehen. Ich will Zeit für Ruhe haben und gleichzeitig versuchen, gute Gründe für die Ruhe zu sammeln. Nicht, um sie zu rechtfertigen; das hat sie nicht nötig. Aber ich merke, dass das Nichtstun und das schlechte Gewissen sich so eng verbunden haben, dass ich für das Nichtstun Entschuldigungen suche.

Ich habe früher schon einmal eine ähnliche Unterbrechung erlebt, vor exakt 25 Jahren. Nach einigen Jahren Dienst in der kirchlichen Welt zog ich von unserer Wohnung in der Göteborger Stadtmitte in ein rotes Backsteinhaus, das ein wenig an ein viktorianisches Schloss erinnerte und im Süden von London lag. Ich wohnte in einem Fünfbettzimmer, zusammen mit jungen Theologiestudenten aus allen Ecken Europas. Wir studierten Homiletik und Exegese, es war Winter und grässlich kalt. Der Wind blies ungehindert durch die kleinen einfachverglasten

Fenster, und in der ersten Zeit widmete ich die Abend- und die frühen Morgenstunden dem Heimweh.

Ich lernte eine Menge in diesen Monaten. Das Meiste habe ich wieder vergessen. Ich weiß noch nicht einmal mehr, welche Kurse ich belegte. Bis heute lebendig ist dagegen die Erinnerung an den Perspektivwechsel, daran, wie sich mein Blick auf das daheim Zurückgelassene veränderte. Ich hatte alle laufenden Projekte liegen gelassen, alles, was mich bis über die Ohren beschäftigt hatte, und bekam die Chance, es aus der Distanz zu betrachten: Ich sah Brüche in dem, was ich selbst mit geschaffen hatte, sah, wie wir dabei waren, ein Haus zu bauen, ohne ein Fundament gelegt zu haben, aktiv waren, ohne von einer Idee getragen zu sein. Solange ich mittendrin war, in alles eingebunden, hatte ich das nicht erkannt.

Ich reiste von England nach Hause – mit dem Schiff – und wurde ein unbequemer Mitspieler. Natürlich war ich noch derselbe Mensch, der in dem zugigen Seminar gewohnt hatte, jetzt, ein paar Wochen später, als Bewohner der Tegnérgatan, mitten in Göteborg. Ich war auch nicht nennenswert gealtert und sicher nicht reifer geworden. Trotzdem gab es einen großen Unterschied: In England hatte ich Zeit gehabt. Die Zeit, die mir bei meiner Arbeit in der Innenstadtgemeinde fehlte.

Im Nachhinein verstand ich, dass der Wunsch zu studieren für meinen Aufenthalt in England nur ein Vorwand gewesen war. Ich zählte die Punkte für meine Kurse zusammen, aber was wirklich zählte, war etwas anderes: Die Ruhe, die Auszeit, das war der Punkt. Loszulassen, nicht eingreifen zu können, gezwungen zu sein, die Dinge so zu lassen, wie sie waren, und mit diesem Zustand meinen Frieden zu schließen. So vieles hatte mich eingeholt, Sachen, die sonst einfach weitergelaufen wären, vermutlich jahrelang, vielleicht jahrzehntelang.

ALS ICH MICH diesmal, 25 Jahre später, für zweieinhalb Monate zurückziehen wollte, ging es weniger um mein Verhältnis zur Arbeit. Es ging um mein eigenes Leben.

Zuerst stellte ich mir meine neue Freiheit wie einen langen, ununterbrochen dahinfließenden Zeitstrom vor. Aber ich merkte schon bald, dass diese Vorstellung mich eher rastlos als ruhig machte. Deshalb skizzierte ich einen Wochenplan: ein bisschen reisen, lesen, nachdenken, beten, dazu Zeit für Alltägliches: Geselligkeit, Freunde; Kochen, Putzen, Waschen.

Gern wollte ich mir auch noch einen anderen Wunsch erfüllen: Ein paar Jahre zuvor war ich auf einige Gedanken gestoßen, die hinter dem jüdischen Sabbatgebot stehen. Sie hatten mich neugierig gemacht und meine Vermutung verstärkt, dass das jüdische Volk etwas bewahrt und wertschätzt, dass unsere Beschleunigungsgesellschaft vergessen hat. Etwas ganz Einfaches. Etwas ganz Kraftvolles.

Alles begann damit, dass ich das Buch des Theologen Göran Larsson las: »Zeit für Gott«[1]. Das führte mich zu den Klassikern der Sabbat-Literatur, Abraham Joshua Heschels »The Sabbath«[2], Eviatar Zerubavels »The Seven Day Circle« und »The Sabbath World« von Judith Shulevitz[3]. Und schon befand ich mich mitten in einem Universum von Gedanken, Erzählungen, Anekdoten, Regeln und

Deutungen, die alle auf dasselbe wiesen: einen Tag in der Woche als Schwungrad und Taktgeber für alle anderen.

Oder in meiner Version: Es braucht nur einen Tag in der Woche, um ein Leben zu retten.

Es braucht nur einen Tag in der Woche,
um ein Leben zu retten.

Kapitel 3

Was passiert beim Ruhen?

ICH HOFFE, DASS die Ruhe niemals Mode wird. Wie Brot aus Sauerteig oder Cupcakes zu backen, Kaminholz-Hacken oder eine kleine eigene Schafherde zu halten, um nur die letzten schwedischen Moden zu nennen. Das Einzige, was man von Moden wissen kann, ist, dass sie bald nicht mehr Mode sind. Moden kommen und gehen, genau wie all die Tipps für ein glücklicheres Leben oder einen Waschbrettbauch.

Die Ruhe ist uralt. Sie führt uns zu etwas, das jenseits des Räumlichen und Sichtbaren ist, sie bringt uns in Kontakt mit dem Herzschlag, der seit Urzeiten im selben Rhythmus pocht und dessen Schlag nicht aufhören wird, wenn es uns nicht mehr gibt, weil wir »die ewige Ruhe« erreicht haben, wie das Leben nach dem Tod bezeichnenderweise genannt wird. Arbeit und Ruhe, Arbeit und Ruhe, Arbeit und Ruhe. So monoton, so gewöhnlich und unspektakulär ist der Klang des guten Lebens.

Das Wort »Ruhe« ist so kurz, so schlicht und so bescheiden, dass es im Geschnatter aller Nachrichten fast untergeht. Dabei ist es doch raumgreifend. Es öffnet etwas: einen Raum, einen Windschutz, ein Versteck für die Liebe. Es ist etwas so Außergewöhnliches wie ein Weg zurück ins verlorene Paradies und etwas so Handfestes wie ein Rettungsring.

Die Ruhe kann ein Augenblick sein, an dem ich noch auf dem Steg am See bleibe, oder ein langer, mehrere Wochen dauernder Urlaub. Ein Nickerchen oder eine kleine Joggingrunde, ein paar Minuten, in denen ich am Schreibtisch die Augen schließe, dasitze und mir vorstelle, dass ich eine Weile aufs Meer schaue oder auf ein wogendes Weizenfeld. Die Ruhe ist etwas, das wir wählen – um der Liebe willen und weil unser Lebens*lauf* nur mit Pausen gelingt.

Es gibt einige ganz alltägliche Beobachtungen, die den Erzählungen, Reiseerlebnissen, Geschichten und Überlegungen, die sich in diesem Buch finden, gemeinsam sind.

Die erste ist: *Ruhen heißt loslassen.*

Vieles in diesem Leben ist unerreichbar, solange man es angestrengt erreichen *will*. Aber dann gelingt es plötzlich, mit beeindruckender Selbstverständlichkeit – wenn man loslässt. Jeder, der Kreuzworträtsel löst, kennt das Phänomen. Wenn man das Kreuzworträtsel zur Seite legt, weil es einfach nicht zu lösen ist, und es später am Tag noch einmal zur Hand nimmt, fallen einem die fehlenden Wörter oft ohne Anstrengung ein.

Ich habe für mich entdeckt, dass die simpelste aller Regeln – »Lass es sein!« – eine glänzende Strategie für viele Dinge in unserem Leben ist. In der Liebe eröffnet sie geradezu schwindelerregende Perspektiven: Wenn man den anderen loslässt, gewinnt man ihn. Immer und immer wieder. Lieben heißt zu fallen. Ruhe bedeutet, eine Zeit lang zuzulassen, dass man die Kontrolle verliert – und das Leben auf einen zukommt.

Die zweite Beobachtung:

Die Ruhe ist vom ersten auf den letzten Platz gerutscht.

Es ist erstaunlich, dass alle Ausdrücke, die wir im Zusammenhang mit Ruhe benutzen, etwas beschreiben, das *danach* kommt: »sich erholen«, »sich entspannen«, »durchatmen« ... Wenn man an den Beginn der Zeiten zurückgeht, zu dem Augenblick, in dem die Ruhe geschaffen wurde – ich benutze das Wort »geschaffen« ganz bewusst (mehr dazu im nächsten Kapitel) –, dann stellt man fest, dass, was den Menschen angeht, alles irdische Leben mit der Ruhe begann.

ICH VERSUCHE MANCHMAL, mir die einzelnen Schöpfungstage vorzustellen und sich vor meinem inneren Auge abspielen zu lassen, wie da aus nichts etwas hervortrat. Wie Gott das Licht rief und das Licht hervorbrach, wie er das Meer vom Land schied und den Tag von der Nacht. Mit seinem Wort rief er die Sonne und den Mond, Linden und Ulmen, Tapire und Schildkröten, Ameisen und Stechmücken. Am sechsten Tag, als alles andere geschaffen war, rief er den Menschen ins Leben. Dann machte Gott mit den Menschen einen Rundgang durch das Paradies, das er geschaffen hatte, nannte einige Spielregeln und sagte: »Und morgen früh, wenn ihr wach werdet, ist hier übrigens Feiertag.« Das sagte er zu zwei Wesen, die bis dahin noch keinen Finger gerührt hatten. Sie waren gerade erst angekommen. Verschlafen, splitternackt und nigelnagelneu standen sie da. Und das Erste, was sie »tun« sollten, war: ruhen.

Man kann daraus zwei Schlüsse ziehen. Der eine ist

theologisch: Bis der Mensch auf die Bühne tritt, ist das Meiste bereits erledigt. Er muss die Welt nicht (noch einmal) schaffen. Die Welt ist schon fertig – ein Gedanke, in den man sich in Ruhe (!) vertiefen kann.

Der andere Schluss ist lebenspraktisch: Es ist klug, die Ruhe an die Stelle zu setzen, die ihr zugedacht ist: an die erste Stelle. Statt den ganzen Herbst über wie ein Verrückter zu arbeiten und an Weihnachten vor Müdigkeit mit dem Kopf in den Gänsebraten zu fallen – erst ausruhen! Niemand weiß, was der morgige Tag bringt. Deshalb ist es klug, ihm mit einer gewissen Kraftreserve entgegenzusehen. Wenn man verhindern will, dass Ruhen dasselbe ist wie Auf-der-Stelle-Einschlafen, muss man damit beginnen, bevor man am Ende seiner Kräfte ist, denn auch die Ruhe verlangt ein Mindestmaß an Energie.

Der dritte Gedanke: *Ruhen bedeutet sich umgestalten lassen.*

Das alte Wort für Erholung, »Rekreation«, bedeutet wörtlich »neu schaffen«, »noch einmal schaffen«. Diese Neuschöpfung geschieht, was den Körper angeht, im Schlaf, was die Seele angeht, im Zustand des wachen Ruhens. Und genau wie die Erschaffung der Erde nicht nach einer Woche abgeschlossen war, so müssen auch unser inneres Leben und unsere Gedanken umgestaltet und erneuert werden, immer und immer wieder. Genau das geschieht in der Re-kreation. Wir entscheiden uns für das Nichtstun und lassen das, was dann geschieht, mit uns geschehen. Wir ruhen vom Fortschritt, von allen Verbesserungen und Veränderungen und lassen alles für eine Weile so, wie es ist. Und verrückterweise kann daraus etwas wachsen, ganz unverkrampft. Wir lassen uns selbst, unsere Wege und Entscheidungen in gewissem Maße neu schaffen. Am wichtigsten ist mir der Gedanke, dass es Zeit wird, der Ruhe wieder den Platz zu geben, der ihr gebührt: den ersten. Alles mit Ruhe beginnen, statt mit einem Seufzer der Erschöpfung zu enden.

»Ruhe ist nicht dasselbe wie Passivität. Ruhe braucht mehr als Entspannung, das Einatmen genauso wie das Ausatmen. Zum ›Von etwas ruhen‹ gehört auch das ›In etwas ruhen‹«, schreibt der Theologe Göran Larsson in seinem Buch »Zeit für Gott«.

Nachdem das regelmäßige Nichtstun unter die Räder gekommen ist, liegt es nahe, es durch eine Art Turbo-Pause auszugleichen: eine Reise an einen stillen und einsamen Strand, wo »die Batterien aufgeladen« werden sollen, oder ein Wellness-Wochenende in einem Spa-Hotel. Sicher ist, dass sich weniger als fünf Prozent der Weltbevölkerung so etwas leisten kann. Das regelmäßige Nichtstun ist dagegen für alle erschwinglich und außerdem eine weitsichtige Lösung. Reisen ist wunderbar, wenn man das Umfeld wechseln, die »Touren«, auf denen man fährt, drosseln will und mit denen Zeit verbringen möchte, die man liebt. Aber das Reisen kann keine regelmäßigen Ruhezeiten ersetzen. Eine Reise ist eher so etwas wie eine Schnellladung der Batterien, nichts, das auf lange Sicht Energie zur Verfügung stellt.

Ich hab es so oft beobachtet, dass sich das Muster schier aufdrängt. Jemand schreibt auf Facebook: »Nach einem schrecklich vollen Herbst geht's auf zu den Kanaren. Eine Woche Auszeit, dann bin ich wieder auf der Höhe.« Und wir anderen posten alle umgehend: »Super Idee! Du hast es dir verdient!«

Die Ruhe ist aber keine Belohnung, nichts, das man sich verdienen muss. Sie ist eine Pflicht – eine so unumgängliche, dass man klug ist, wenn man ihr einen kompletten Wochentag widmet. Nichts Spektakuläres, aber wenn sie einem das Leben rettet, kann man sie ja vielleicht aushalten?

Ruhe bedeutet auch Abwechslung.

Etwas tun, das man normalerweise nicht tut, aber gerne tut. »Die Ferien sind dazu da, etwas anderes zu machen«, sagte mein Vater immer. Im Liegestuhl zu sitzen und ein erbauliches Buch zu lesen, war nichts für ihn, dabei spürte er eher Hummeln unter seiner Sitzfläche als Frieden in der Seele. Er musste immer irgendetwas tun. Etwas anderes.

Und schließlich: *Alle wirkliche Ruhe braucht Grenzen.*

An diesem Punkt verändern wir uns mit den Jahren. Wir bewegen uns von dem jugendlichen Gefühl, dass immer etwas los sein muss, zu dem Wunsch, es möge doch mal gar nichts los sein. Ein leerer Kalender wird zum größten Luxus. Ein unverplantes Wochenende! Aber um dahin zu gelangen, muss man sich im Neinsagen üben, darin, die Zeit eben nicht zu verplanen, den Kalender eben nicht zu füllen. Um das Leben zu gewinnen, nach dem man sich im Tiefsten sehnt, muss man bereit sein, andere denkbare Leben aufzugeben. Ein erfülltes Leben ist nicht ein Leben, das so voll wie möglich ist. Beim Ruhen geht es deshalb auch um Grenzen oder, wie es ein guter Freund sagte, darum, »gute Sachen in der richtigen Reihenfolge zu versäumen«.

»WIR RUHEN UNS da durch«, pflegte ein Kollege zu sagen, wenn eine Aufgabe wie ein undurchdringliches Dickicht vor uns lag und unsere Kräfte viel geringer schienen als der Anspruch, der an uns gestellt wurde. Ich hatte diesen Spruch jahrelang gehört, bis ich plötzlich verstand, dass eine tiefe Lebensweisheit in ihm steckt. Es ist die Küchenbank-Philosophie in einem einzigen Satz. Ruhen ist eine fantastische Methode, wenn es darum geht, uns einer Sache zu stellen, die einfach übermächtig ist.

~

Die Ruhe ist keine Belohnung, nichts, das man sich verdienen muss. Sie ist eine Pflicht.

Kapitel 4

Aufatmen

»Denn in sechs Tagen hat der Herr Himmel und Erde gemacht; am siebten Tag ruhte er und atmete auf«
(2. Mose 31,17, EÜ).

JEDEN MORGEN ERWACHEN wir in einer Welt, die wir nicht selbst geschaffen haben. In einer Welt, die auf so wunderbare Weise konstruiert ist, dass wir eigentlich erst einmal eine Weile staunen sollten. Staunen über die ausgeklügelte Technik des Spechts, der jeden Morgen aus dem kleinen Loch in der Verschalung des Küchenfensters kommt, obwohl er dafür doch eigentlich viel zu groß ist. Staunen über die Sonne, die aufgeht und den Frost auf dem Gewächshausdach in fantasiereichen Kombinationen färbt. Staunen über den nachgiebigen Holzboden unter unseren Füßen, den Kaffeeduft, der die Küche erfüllt, über den Anblick der schlafenden Lebensgefährtin, das Kind, das gerade aufwacht, oder einen Freund, den man lange nicht mehr gesehen hat. Staunen, welches Geräusch die Schuhe machen, wenn man an einem eiskalten Februarmorgen den Weg hinunter zum Briefkasten geht, um die Zeitung zu holen, und welches Geräusch die sich entfaltenden Tulpenblätter machen, wenn man Mitte April die ersten Blumen ins Haus holt.

Jeden Morgen erwachen wir in einer Welt, die wir nicht selbst geschaffen haben. Sie ist einfach da. Und wir sind mittendrin. Wenn wir nicht regelmäßig und ausreichend lange innehalten, verpassen wir diese Wunder. Das Meiste scheint so selbstverständlich und verkümmert deshalb in unserer Wahrnehmung zu etwas Kleinem und Unbedeutendem. Wir verlieren den staunenden Blick aus großen Augen, den Blick des Kindes.

Im Bus hörte ich einmal dem Gespräch zweier Kinder zu. Egal, was der Kleine erzählte, der Große sagte immer: »Weiß ich doch!« Der Kleine hatte gehört, dass manche Schlangenarten ekelhaft groß werden können. »Weiß ich doch!«, antwortete der Große und erzählte von Schlangen, die die zuvor genannten wie Regenwürmer aussehen ließen.

Auf die Dauer war das für den Kleinen sicher nicht lustig, aber noch trauriger ist es eigentlich, wenn man derjenige ist, der immer schon alles weiß, der aufgehört hat, überrascht und erstaunt zu sein.

Erwachsene, die nicht »Mannomann!« oder »Das gibt's doch gar nicht!« rufen, haben aufgehört zu wachsen. Vielleicht sollte man das Staunen zum Volkssport erheben? Die Partei der Leute mit den großen Augen gründen?

Ich bin mir ganz sicher, dass die Ruhe *erschaffen* wurde, dass sie Teil der Schöpfung ist. Ich gehöre zu denen, die an eine Schöpfung glauben, aber es war für mich nie wichtig, ob die Welt nun in sechs Tagen oder in sechs Milliarden Jahren geschaffen wurde. Sie ist da. Das zu wissen reicht mir. Dagegen ist mir der Glaube an einen Schöpfer im Lauf der Jahre immer wichtiger geworden. Hinter der Schöpfung steckt ein Gedanke, eine Absicht, und deshalb auch ein Sinn.

Manchmal denke ich über das nach, was man sich überhaupt nicht vorstellen kann: wie alles begann. Die beiden biblischen Schöpfungsberichte sind ja so geschrieben, dass unsere Fantasie sich frei darin bewegen und immer wieder neue Dinge in ihnen sehen kann. Aber ein Gedanke ist zu groß: Am Anfang war nichts. Da ist schon Schluss. Irgendetwas muss es doch gegeben haben, damit etwas anderes beginnen konnte. Oder nicht?

Als Gott aus dem Nichts Himmel und Erde schuf, war die Erde, so steht es da, »wüst und leer«. »Without form or void«, wie es in einer englischen Bibelübersetzung heißt. Ohne Form. Aber über den Wassern weht ein Gotteswind. Der Gotteswind zieht über die Tiefe, und diese Tiefe ist nicht steril oder unfruchtbar, sie enthält alles. Eine Leere, die voller Verheißungen auf Leben ist.

Der in Polen geborene Rabbiner Zalman Schachter-Shalomi weist darauf hin, dass eine Übersetzung der ersten Zeilen unserer Bibel, die näher am Grundtext ist, lauten müsste: »An einem Anfang …« – als bestünde das Leben aus unendlich vielen Anfängen. Auch viele Exegeten meinen, dass die Wendung »Und Gott schuf …« eigentlich mit »Und Gott begann zu schaffen« zu übersetzen ist. Die Schöpfung ist ja eine fortdauernde Geschichte, eine Art *work in progress*. Gott begann zu schaffen, und er setzt es fort. Die Schöpfung ist immer noch in Arbeit, nichts ist fertig.

Wir führen unser menschliches Leben mitten in diesem

Schaffensprozess. Jeden Morgen erwachen wir zu einem neuen Anfang. Etwas nimmt aus dem Nichts Gestalt an, blüht auf, dann nimmt es ab, bis es ganz verschwunden ist. Alles Leben ersteht und vergeht in diesem wunderbaren, Frucht bringenden Rhythmus. Es kann einen in Erstaunen versetzen, wie rhythmisch dieser Schaffensprozess ist. Was erschaffen wird, entsteht nicht in einem schöpferischen Anfall oder Ausbruch, bei dem Eichhörnchen und Wale bunt durcheinanderpurzeln. Alles geschieht an strikt unterschiedenen Schöpfungstagen, in einem klaren Rhythmus, wie es im 1. Buch Mose heißt: »Da ward aus Abend und Morgen der erste Tag« – »Da ward aus Abend und Morgen der zweite Tag« …

In diesem Rhythmus wurde unsere Welt geboren. In diesem Rhythmus lebt sie weiter durch die Zeitalter. Und es ward Morgen, und es ward Abend, die Jahreszeiten wechseln einander ab, das Eis schmilzt, von den Bergen ergießt sich die Frühlingsflut, die Gezeiten kommen und gehen wie in einem ewigen Gespräch zwischen Land und Meer. Und im Menschen, der am sechsten Tag Teil der Schöpfung wird, pumpt ein Herz in regelmäßigem Rhythmus das Blut durch ein Kreislaufsystem. Man kann es hören, wenn man still wird.

Zum Bericht über den Schöpfungsrhythmus gehört die Erwähnung, dass Gott ruhte. Oder, wie es in einem der Schöpfungsberichte genauer heißt: »Aber am siebten Tag ruhte er und atmete auf.« Gott atmete auf! Im Englischen wird es mit dem Wort »refresh« umschrieben, im Hebräischen bedeutet es wörtlich »ausatmen« (*naphasch*). Der Theologe und Therapeut Wayne Muller schreibt, dass die

Schöpfung wie ein lebensspendendes Einatmen und der Ruhetag wie ein Ausatmen ist.

Gott schuf das Universum in sechs Tagen und nahm am siebten Tag seinen Platz im Zentrum der Schöpfung ein. Wenn es ein Bild für die Fülle gibt, dann muss es dieses sein: Zeit und Raum, die in getrennten Bahnen liefen, sind wieder zu einem nahtlosen Ganzen zusammengewoben worden. Gott hat seine Schöpferkraft bis an die »Ränder« des Universums ausgeübt. Und dann begibt er sich wie ein Künstler mitten in sein Werk hinein.

Es gibt eine Steigerung in Gottes Schaffen: Jeder Tag hat mehr »Schöpfungsmomente« als der vorhergehende. Und Gott geht vom Tiefsten zum Höchsten. Das Letzte, was wir aus seinem Mund hören, während er sein Werk vollendet, ist: »Und es war sehr gut« (1. Mose 1,31).

Aber das ist noch nicht das Ende. Die Erzählung nimmt hier eine unerwartete Wendung. Es gibt für Gott noch eine Sache zu tun. Mit dem sechsten Tage ist seine Arbeit noch nicht ganz fertig. Erst schließt er ab, womit er beschäftigt war, und dann schafft er die Ruhe.

Die Ruhe ist der Höhepunkt der Schöpfung. Der Gipfel ist erreicht!

So nimmt die Ruhe ihren Platz in der Schöpfung ein. Und es ist ein bedeutender Platz. Ein Siebtel aller Zeit. Ein Tag oder eine Million Jahre der Ruhe. Und genau wie das Gras und die großen Wiesen rund um unser Haus, die Vögel am Futterhäuschen oder der eigene Körper, so ist die Ruhe ein Teil von all dem, das genau so und nicht anders geschaffen wurde. Es ist ein Sinn in diesem Rhythmus.

Die Ruhe ist kein Schritt zurück, auch kein Anhängsel. Sie bedeutet nicht Rückzug, sondern ist ein Schöpfungswerk, genauso wie Tiere oder chemische Prozesse. Sie ist kein Zwischenstopp zwischen wichtigen Aufgaben, kein frommer Bonus-Gedanke. Sie ist geschaffen worden und deshalb Teil unserer Aufgabe, als Mensch zu leben. Wer ruht, nimmt seine Lebensaufgabe ernst. Wer die Ruhe unterschätzt, nimmt sie zu leicht.

Dass Gott ruht, heißt nicht, dass er sich entzieht, so als zöge er sich zurück, nachdem alles getan ist, um endlich seinen Frieden zu haben. Gottes Ruhe ist eher ein tiefes Mitfühlen, eine Teilhabe am Geschaffenen. Gott selbst freut sich an dem, was er zustande gebracht hat. Er freut sich über die Freiheit und Selbstständigkeit der Schöpfung. Über beides: das schon Vorhandene und das Potenzial zu Wachstum und Entwicklung.

Vor dem Ende des sechsten Tags konnte Gott nicht ruhen, denn da war die Schöpfung noch nicht vollendet. Vollendet, nicht fix und fertig oder abgeschlossen, aber vollendet im Sinne von ganz und vollständig. Ich stelle mir die Ruhe Gottes wie einen Mittelpunkt vor, und um diesen Mittelpunkt herum gibt es Lebensringe, genau wie im alttestamentlichen Tempel, der ja aus einer Reihe konzentrischer Bauten bestand, mit dem Allerheiligsten in der Mitte. Um das Allerheiligste herum war alles im Sinne der sozialen, wirtschaftlichen und religiösen Ordnung organisiert. Aber in der Mitte gab es diesen stillen, leeren Raum, zu dem niemand mit Ausnahme des Hohepriesters Zugang hatte.

Beim Denken in Schöpfungstagen ist die Ruhe alles andere als nur ein Anhängsel. Wenn Gott nach sechs Tagen ins Schweigen geht, ist es, als begebe er sich ins Herz der Schöpfung. Und erst, als die Ruhe geschaffen ist, ist die Erzählung zu Ende: »So sind Himmel und Erde geworden, als sie geschaffen wurden« (1. Mose 2,4).

Die Schöpfung war nicht vollständig, bevor da nicht die Ruhe war, und der Erste, der diesen gesegneten Zustand erreichte, war der Schöpfer selbst. Es wurde das großartige Finale der Schöpfungswoche. Die mittelalterlichen jüdischen Theologen nannten den Sabbat deshalb die Krone der Schöpfung.

Man ahnt hier, dass Ruhe nicht Leere bedeutet, sondern dass sie ein Ort ist, an dem das Leben pulsiert. Die Ruhe ist eine Einladung, dabei zu sein und Gottes Freude über die Schöpfung selbst mitzuerleben. Wer dieser Einladung folgt, tut das nicht nur, um zu entspannen, sondern auch, um der Ruhe die ihr gebührende Ehre zu geben. Sie ist es nämlich, die uns hilft, alles andere zu verstehen: den Sinn der Arbeit, der Verpflichtungen, der Verantwortung. Während der Arbeitswoche ist der Mensch am Werk; er arbeitet für die Schöpfung, er verwaltet und bewahrt sie. Damit hat Gott ihn beauftragt, das hat er ihm anvertraut. So hochgeschätzt ist die Arbeit. Wenn wir aber ruhen, bewahren wir die Ruhe – im doppelten Sinne.

Der Gedanke, dass Gott nach sechs Schöpfungstagen ruhte, hat im Lauf der Geschichte viele Fragen aufgeworfen: Brauchte er Ruhe? Kann Gott müde werden? Und nicht zuletzt: Was tat Gott, als er ruhte? Natürlich spricht aus solchen Fragen vor allem unser Bemühen, alles zu verstehen und so zu sortieren, dass es in unsere mentalen Aktenordner passt. Hätte Gott nicht tausend Welten schaffen können, ohne zu ermüden? – Natürlich.

Die jüdische Antwort auf die Frage, warum Gott ruhte, heißt: weil er den Sabbat schaffen wollte. Und was tat Gott an diesem siebten Tag? Die jüdischen Lehrer sind um keine Antwort verlegen: Er schuf *menuah* – die Ruhe. Das hebräische Wort hat so viele Nuancen, dass die meisten Ausleger eine ganze Reihe von Wörtern anführen: Gelassenheit, Klarheit, Friede, Ruhe …, lauter Wörter, die die Tiefe der fruchtbaren, heilenden Stille zu beschreiben versuchen. So betrachtet ist die Ruhe der Ort, an dem ich mich dafür öffne, an dem kraftvollen Prozess teilzuhaben, in dem die Schöpfung sich ständig selbst erneuert.

So weit meine Gedanken zur Ruhe. Die Ruhe ist nicht der letzte Seufzer der Ermattung, sondern ein Offenwerden für neue Anfänge. In der Liebe, in der Arbeit, in kreativen Prozessen, im Werden des Menschen, der ich sein möchte und von dem ich das vielleicht noch nicht einmal weiß. Und wenn ich ermahnt werde, an den Ruhetag zu denken und ihn einzuhalten, dann entspreche ich dieser Aufforderung am besten, indem ich mich in den uralten Rhythmus fallen lasse: atmen, leben, tätig sein und ruhen – in dem Takt, den das Leben selbst vorgibt.

Die meisten geistlichen Traditionen tragen diesen Rhythmus in sich, wenn auch in verschiedenen Ausprägungen. Ob der Samstag der Ruhetag ist, der Sonntag oder der Dienstag, ist für mich eine untergeordnete Frage. Wichtig ist, daran festzuhalten, dass Gott am Sinai, als er das Volk zu ruhen einlud, so wie er selbst ruhte, die

Einladung aussprach, an seiner Ruhe teilzuhaben. Ruhen heißt deshalb, bei Gott zu sein und zusammen mit ihm aufzuatmen.

Jeden Morgen erwachen wir in einer Welt, die wir nicht selbst geschaffen haben. Sie ist da. Wir finden sie vor. Regelmäßig zu ruhen ist die aktive Entscheidung, diese Welt niemals für selbstverständlich zu halten.

~

Wer ruht, nimmt seine Lebensaufgabe ernst. Wer die Ruhe unterschätzt, nimmt sie zu leicht.

Kapitel 5

Ein Wochentag als Schwungrad für die anderen Tage

EIN ARTIKEL IN der Göteborger Zeitung und ein Vortrag auf TED, einer US-amerikanischen Website, bestärken mich in meiner Annahme, dass der Sabbatgedanke nicht nur eine gute Idee für Hochreligiöse ist, sondern in vielen Punkten Allgemeingültigkeit besitzt. Der Zeitungsartikel, der wie eine Vitamintablette daherkommt, stammt aus Henrik Wallgrens Feder. Mit seiner Erlaubnis zitiere ich die Einleitung seines ausgezeichneten Textes.

> Verbringe den Ruhetag, als wenn du sehr religiös wärst. Die Sache mit Gott kannst du streichen, wenn du willst. Natürlich wirkt es wenig verlockend, an eine Gandalf-artige Figur zu glauben, die auf einer Wolke sitzt und alles weiß. Aber das ist eine andere Geschichte. Glaub, was du willst. Sei, wer du willst. Aber versuch mal, den Feiertag zu heiligen.
>
> Dagegen, dass es an 300 Tagen im Jahr regnet, kannst du nicht viel machen. Dass Leute Krebs

bekommen oder rechte Parteien wählen, kannst du nicht verhindern. Am laufenden Band erschießen Leute sich gegenseitig, nehmen ab und werden berühmt oder nehmen sich das Leben. Volvo hat die Abendschicht gestrichen, und einem jungen Athleten, der Street Workout macht, setzt man bei einer OP neunzehn Titanplatten in den Schädel. Bei alledem versteht und beeinflusst man so gut wie nichts. Aber wir machen weiter. Knallhart. Tag und Nacht. Ganzjährig.

Wie konnten Oma und Opa nur so Dalai-Lama-haft harmonisch leben und dabei auch noch unverschämt rote Apfelbäckchen haben? Dabei arbeiteten sie härter für weniger Geld. Wie konnten sie nur dasitzen und strahlen, ohne irgendeine Ahnung von Yoga, von Achtsamkeit und Kognitiver Therapie zu haben? – Vielleicht, weil sie an einem heiligen Ritual festhielten. Sie waren sicher nicht besonders religiös. Aber die Sonntage waren ihnen wichtig. Da ließen sie es ruhig angehen. Sehr ruhig.

Wird es nicht Zeit, diese fantastische Erfindung vom Staub zu befreien?

Der andere Impuls war ein Vortrag auf TED. Der etwas verrückte Autor, Philosoph, Witzbold und Journalist Arnold Stephen Jacobs erzählt bei einer internationalen Konferenz von seiner Art zu schreiben: wie er versucht, mehrere Leben zu leben und davon zu berichten.

Einmal nahm er sich vor, innerhalb eines Jahres die

gesamte Encyclopædia Britannica zu lesen, Band für Band, einfach um zu schauen, wie viel Wissen man in ein menschliches Hirn pressen kann. Bei einem anderen Experiment ging es darum, nie zu lügen. Noch nicht einmal die kleinste alltägliche Unwahrheit sollte durchgehen. Das Projekt, das ihm nach eigener Aussage am meisten bedeutete, war aber der Versuch, ein Jahr lang alle biblischen Gebote zu halten. Der Vortrag auf TED heißt »My Biblical Year«, genau wie das Buch[4].

Aufgewachsen in einem jüdischen Elternhaus, aber »ungefähr so jüdisch, wie der Ölberg italienisch ist«, machte er eine Liste von 700 Geboten und versuchte, sich an alle zu halten – angefangen vom Gebot, die Enden des Bartes nicht rund zu schneiden, über das Gebot, keine Kleidung aus gemischten Materialien zu tragen, bis zur Vermeidung von »Bagatellsünden« wie Klatsch und Tratsch oder Alltagslügen.

Über das meiste, was er auf diese Weise erlebte, konnte er im Nachhinein lachen und es als Teil eines witzigen Experiments betrachten. Nur eine Sache bekam eine größere Bedeutung, als er hatte ahnen können: der Sabbat oder Ruhetag. Jacobs charakterisiert sich selbst als Workaholic, und einen Tag in der Woche geschenkt zu bekommen – jede Woche! –, an dem er nicht arbeiten *durfte*, beschreibt er in seinem Vortrag als etwas überwältigend Großes, das in sein Leben einbrach.

»Es hat mein Leben verändert«, sagt er. Er entdeckte, wie er sagt, »die schöne Idee der Heiligkeit, dass Rituale für uns heilig sein können, dass der Sabbat heilig sein kann«.

Ich bin kein Jude, und ich gehöre auch nicht zu denen, die meinen, dass es möglich ist, die geregelte Ruhe, also eine mehrere tausend Jahre alte Tradition aus einem anderen Teil der Welt, bei uns wiedereinzuführen.

Die amerikanische Literaturkritikerin und ehemalige Kolumnistin der New York Times Judith Shulevitz schreibt: »Es ist wahr. Der Sabbat ist ein Fossil. Er ist das Verflossene, erstarrt zu einer Klippe, um die die Zeit von Tag zu Tag kräftiger strömt.«

Gleichzeitig schreibt Shulevitz in einer Weise über den Sabbat, dass man ihn am liebsten noch in derselben Woche im eigenen Leben einführen möchte. So kann er sich anfühlen: hoffnungslos überholt. Vollkommen auf der Höhe der Zeit. Unmöglich. Oder doch die einzige Rettung für uns alle, die wir immer in der Gefahr stehen, vor uns selbst auf der Flucht zu sein.

Ich kann mich der Faszination dieser uralten Tradition nicht entziehen und habe beschlossen, mich noch eine Schicht tiefer in die Bedeutung des Sabbats vorzuarbeiten. Ich beginne mit dem Offensichtlichsten: der Grundregel, die sagt, dass man mit allem, was man gerade tut, aufhören soll. Es gibt sechs andere Tage in der Woche, an denen man es erledigen kann. Sechs Tage, an denen wir in ein Netz wirtschaftlicher und sozialer Notwendigkeiten eingebunden sind – und *einen* Tag, der dazu da ist, uns Flügel zu verleihen.

Das ganze Regelwerk rund um den Sabbat mit all den »Du sollst« ist verzwickt und muss *cum grano salis*, also nicht allzu verkniffen, aufgefasst werden. Mir ist bewusst, dass es vielen, die in einem streng religiösen Milieu aufgewachsen sind, nicht möglich ist, Regeln anders als einengend aufzufassen. Und trotzdem glaube ich, dass hier ein Schlüssel zur Freiheit gefunden werden kann. Wenn ich das jüdische Gedankengebäude richtig verstehe, dann kann man nicht pauschal sagen, ob man am Sabbat Holz hacken darf oder nicht. Wenn man es hacken *muss*, ist es verboten. Wenn man es hackt, weil man Spaß daran hat, ist es erlaubt. So einfach ist das.

Der Sabbat bejaht alles, was uns mit der Natur eins werden lässt: die salzige Schweißspur auf der Haut, den angenehmen leichten Schmerz in den Armmuskeln, die Musik der Axt, die Birken und Ulmen spaltet. Dieser Rhythmus, dieses Vergnügen ist alles andere als Arbeit. Darüber hätten die Rabbiner ihre segnende Hand gehalten. Die Ruhe ist nicht dazu da, dass *wir* noch mehr schaffen. *Sie* will uns neu erschaffen.

Der Sabbat ist kein einsamer Tag. Es geht am Sabbat darum, verbunden zu sein – nicht mit Maschinen und Smartphones, sondern mit nahen Menschen und mit dem nahen Gott. Man könnte sogar sagen, dass der Sabbat geschaffen wurde, um unsere Einsamkeit zu lindern. Die Rabbiner haben unzählige Bilder, um das zu beschreiben: Der Sabbat ist mal ein rettender Engel, mal eine Königin, die gekrönt werden soll. Er ist eine Braut, die von ihrem Bräutigam zur Hochzeit empfangen wird, ein Tempel in der Zeit, ein auserkorener Tag.

Die Größe liegt im Alltäglichen. Das Außergewöhnliche versteckt sich in all dem manchmal Kleinen, das unser Zuhause ausmacht: im Esstisch, den Töpfen, den Freunden, dem Licht, dem Gespräch.

Deshalb fehlt es dem Sabbat an der Exklusivität, die manchen spirituellen Dingen anhaftet. Man putzt einfach sein Haus, bereitet das Essen vor, lädt seine Freunde ein, redet, singt, isst, trinkt und genießt den Abend. Die Rabbiner entmystifizieren auf diese Weise das Heilige, indem sie deutlich machen, dass Heiligkeit mehr mit Selbstdisziplin als mit religiöser Begabung zu tun hat. Das Geistliche gelangt so in jedermanns Reichweite.

»Irgendwie suchen wir alle nach einem Sabbat, egal, ob wir ihn Sabbat nennen oder nicht«, schreibt Shulevitz und behauptet, dass die institutionalisierte Religion mit alledem nichts zu tun haben muss.

Der Sabbat ist Allgemeingut. Er ist der Ziegelstein im Lebenshaus, wichtiger als Tapete und Farben.

~

Die Ruhe ist nicht dazu da, dass wir noch mehr schaffen. Sie will uns neu erschaffen.

Kapitel 6

Der Sabbat – Nullmeridian der Seele

WAS IST DER Sabbat? Mehr als ein Wochentag, an dem man wegen religiöser Vorschriften nicht arbeiten darf. Judith Shulevitz beginnt ihr Buch »The Sabbath World« mit einer Beschreibung ihrer ersten eigenen Erinnerungen an die Sabbate ihrer Kindheit.

Aufgewachsen in einem strengen und eher freudlosen jüdischen Zuhause, saß sie am frühen Samstagmorgen oft zusammengekauert im Spalt zwischen einem Aktenschrank und der Kühltruhe. Die Kühltruhe stand in der Ecke einer Glasveranda und war voll mit koscherem Fleisch, denn seit die Familie nach San Juan gezogen war, konnte man das Fleisch nicht mehr am Ort kaufen, sondern musste es aus einer anderen Stadt bringen lassen und tiefgefroren aufbewahren. Am Samstag war dieser Platz ein sicheres Versteck, es war der Tag, an dem man nichts aus der Kühltruhe nahm, und das Kind musste sich keine Gedanken darüber machen, ob die Mutter auftauchen könnte. Dieser Platz gehörte ihr. Nur ihr.

»Zwischen den Stromkabeln hockend schlang ich meine Arme um die Beine, lehnte Kopf und Rippen an die metallene Wand der Kühltruhe und ließ mich von ihrem

Vibrieren in ein klagendes Selbstmitleid wiegen. Das war mein Sabbat, versteckt in den Sabbatregeln meiner Mutter«, schreibt sie.

Ich mag dieses Bild des kleinen Mädchens. So erlebt ein Kind den alten Brauch. Mitten in der von den Eltern überlieferten und mehr oder minder erstarrten Form hat sie sich eine eigene erschaffen. Später beschreibt sie den Sabbat als eine Atmosphäre, etwas, das mehr als die Form ist, mehr als Regeln, mehr als Gebete. Der Sabbat als ein Gefühl und eine körperliche Erinnerung.

Ich bin nicht in einem sabbatfeiernden Haus aufgewachsen, aber doch mit Eltern, die einen deutlichen Unterschied zwischen dem Sonntag und den anderen Tagen der Woche machten. Ich habe zwar auch ein paar Erinnerungen, die zeigen, dass diese Unterscheidung mit Einschränkungen verbunden war – wir durften am Sonntag zum Beispiel nicht an Sportveranstaltungen teilnehmen –, aber die meisten Erinnerungen sind positiv. Am Sonntag machten wir lustige Sachen. Wir fuhren in die Orsa Finnmark und grillten Würstchen, oder wir fuhren einfach los, um durch die Gegend zu gondeln, ohne ein bestimmtes Ziel, einfach aus Spaß am Unterwegssein. Mehr oder minder jeden Sonntag luden wir auch jemanden zu uns nach Hause ein. »Wen sollen wir denn mal einladen?«, war die übliche Frage, nachdem mein Vater meinem Bruder und mir in der Küche die Haare geschnitten hatte, während wir mit einem Tuch über den Schultern auf einem Hocker saßen. Er schnitt uns nicht jeden Sonntag die Haare, so viele Haare hatten wir nicht, aber doch sehr oft.

Während ich jetzt dieses und jenes über das Fundament

des jüdischen Sabbatgedankens lese, stelle ich fest, dass meine Eltern – eher unwissentlich – »Sabbaterianer« waren. Es gab Regeln, aber die waren eigentlich nur dazu da, alles außen vor zu halten, was störte. Da war mehr Inhalt als äußeres Regelwerk. Mehr Ja als Nein. Heute ist am Sonntag alles möglich, denn wir haben eine Welt geschaffen, die nie ruht.

»SABBAT« IST EIN sperriges Wort. Im Schwedischen verwenden wir es so gut wie gar nicht. Wir leihen es uns höchstens aus, um eine längere Auszeit im Erwerbsleben zu beschreiben: das Sabbatjahr. »Sabbat« bedeutet »aufhören« oder »ruhen« und bezieht sich darauf, dass Gott nach sechs Schöpfungstagen von seiner Arbeit ruhte.

In der Folge bekam der Sabbat einen zweifachen Sinn: zu ruhen, wie Gott ruhte, und an die Befreiung aus der Sklaverei in Ägypten zu erinnern, wo die Israeliten von morgens bis abends schuften mussten, ausnahmslos an jedem Wochentag. Als die Unterdrückung beendet war, musste das gefeiert und erinnert werden.

Im Judentum ist der Sabbat so etwas wie das Zentrum der Zeit, die Zeit, von der die anderen Zeiten ihren Ausgang nehmen – so etwas wie ein Nullmeridian der Seele. Der Sabbat ist anders als all die Feiertage, die im Laufe des jüdischen Jahres auf einen bestimmten Tag fallen.

Warum soll man das Wort »Sabbat« überhaupt noch verwenden? Weil es so unübersetzbar ist, eben »sperrig«. Sein Sinn lässt sich durch keine Übersetzung richtig einfangen. Wenn ich also weiter das Wort »Sabbat« verwende, dann meine ich nicht den jüdischen Sabbat, aber auch nicht den christlichen Sonntag. Ich meine *die erfüllte Ruhe.* Und, auch auf die Gefahr hin, dass es religiöser klingt, als es ist: *die geistliche Ruhe.* Geistlich, um deutlich zu machen, dass es um mehr geht als darum, den Körper eine Weile ausruhen zu lassen und einen Tag lang auf Arbeit zu verzichten.

Die Sabbatruhe ist die Ruhe, die erfüllt ist: von Freunden, Erinnerungen, Mahlzeiten, Gesprächen, Nachdenken, Ideen, Humor, Spiel, Freude und Sinnlichkeit. Der Sabbat ist die Ruhe, die von dem erfüllt ist, was ich »Gott« nennen will. Denn hier gibt es eine Dimension der geistlichen Tiefe, die nicht unterschätzt werden darf. Eine Ruhe, die etwas ganz anderes ist als der Kater nach einer Überdosis Arbeit und Action.

Dass der Sabbat überlebt hat, nicht nur als Idee, sondern als Praxis, und zwar bei einem Volk, das wie Weizenkörner über die Erde zerstreut wurde, heißt doch, dass es da etwas gibt, das es wert ist, darum zu kämpfen. Sonst wäre es ausgestorben, genau wie viele andere religiöse Sitten und Gebräuche. Irgendetwas hat bewirkt, dass der Sabbat lebt.

Einer der bekanntesten Sätze in den Büchern, die ich zu diesem Thema gelesen habe, lautet: »Nicht Israel bewahrte den Sabbat, der Sabbat bewahrte Israel.« Vermutlich sind beide Teile des Satzes wahr. Der Sabbat war diesem Volk trotz allem so wichtig, dass man ihn hütete. Die biblische Ermahnung, den Sabbat zu halten, richtet sich immer an das Volk Israel. Aber ihre Begründung ist allgemeingültig.

Ich habe das Gefühl, dass sehr viel von dem, wonach

wir uns heute sehnen und wonach wir aktiv suchen, im Halten eines Ruhetags zu finden wäre. Aber kann die Lösung so einfach sein? Muss da nicht etwas weit Komplizierteres passieren? Wenn man nach langem Suchen und Herumirren endlich die richtige Straße gefunden hat, versteht man gar nicht mehr, warum das so schwierig war.

Der Sabbat ist etwas schwer Greifbares, eine Atmosphäre, ein Gefühl, eine Frage des Herzens. Aber er ist auch etwas ganz Handfestes und Konkretes. Eine Frage der Planung. Wie ein langer Strich im Kalender, von dem einen Abend zum nächsten Abend. Die echte Ruhe ist eine Frage von Minuten, Stunden und Tagen – und eine Frage nach der Sehnsucht des Herzens.

Den Sabbat zu feiern hat im jüdischen Denken nicht nur etwas mit dem Verzicht auf Arbeit zu tun. Es ist vor allem eine Art, miteinander Zeit zu verbringen, zu feiern und sich für andere Kräfte als die des Marktes zu öffnen. Man leert nicht die Woche, man füllt sie. Der Ruhetag ist nicht der Tag, an dem man verschnauft, sondern der Tag, an dem alle anderen Tage gezähmt werden und bereichert, an denen sie ihren Sinn bekommen. Aus religiöser Sicht ist die Arbeit gut, aber die Ruhe ist gesegnet.

WAS IST DER Sabbat? Eine religiöse Einrichtung? Eine soziale Übereinkunft? Eine kulturelle oder politische Demonstration? Auf jede der Fragen kann man mit Ja antworten. Aber der Sabbat ist auch etwas, dessen man »gedenkt« und das man »hält«. So heißt es in den sehr spärlichen Anweisungen zum Sabbat, die sich im Alten Testament finden.

»Gedenke« oder »halte« sind Ermahnungen, die zu den Sabbattexten fast immer dazugehören. Beide Ratschläge sind sehr nützlich. Aber vielleicht versteht man die Kraft der regelmäßigen Ruhe gar nicht, bevor man nicht regelmäßig ruht, also den Sabbat »hält«.

Der hochbetagte Sabbatgedanke passt schlecht in unsere 24-Stunden-Gesellschaft. Er kratzt und knirscht. Noch einmal Judith Shulevitz: »Der Sabbat scheint erfunden worden zu sein, um das Leben so unbequem wie möglich zu machen.« Andererseits wird man den Gedanken nicht los, dass etwas Wichtiges dran sein muss. Auch für uns. Die Sabbatidee kollidiert mit unserem Traum, einmal völlig entspannt und verantwortungs-los zu sein. Sie verbindet Ansprüche und Regeln mit einer größeren Freiheit, und zwar auf eine Weise, die sich anzueignen uns nicht leicht fällt.

Eine ganz kurze Beschreibung des Sabbats könnte so heißen: Sabbat bedeutet aufhören oder ruhen, es ist etwas, das feierlich begangen wird, aber nicht mit großen öffentlichen Zeremonien, denn das Zentrum des Feierns ist das private Haus. Mehr als alles andere geht es um die *Zeit*, die »abgesondert«, d.h. geheiligt wird.

Auf die Frage, wie der Sabbat gefeiert werden soll, antwortet der Talmud etwa so: durch Gebet und Studium der heiligen Schriften, durch gutes Essen und Trinken, durch schöne Kleider und das gemeinsame Feiern mit anderen Menschen. Der Sabbat erstreckt sich vom Freitagabend bis zum Samstagabend und wird durch 613 Gebote und Verbote geregelt. Dieses Regelwerk wird im Judentum als eine Art Bretterzaun rund um einen Lustgarten betrachtet, nicht als eine Einengung des Lebens. Der Sabbat wird in Erinnerung an die Befreiung aus der Sklaverei in Ägypten gefeiert und als Antwort auf Gottes Ruhen am siebten Tag. Im jüdischen Denken ist der Ruhetag eine Person, jemand, den man kennenlernen kann, mit dem man zu leben lernt. Was wir am meisten lieben, ist bedroht, wenn wir nicht sein Freund werden.

So etwa sieht es der Talmud.

Das alles kann man mit einem knappen Kommentar abtun: Interessant! Für die Juden. Man kann aber auch fragen, was wir von einem Volk lernen können, dem es gelungen ist, den ältesten und meist erprobten Lebensrhythmus zu bewahren. Ist da etwas Kostbares verloren gegangen, als wir allen Tagen erlaubt haben, ungefähr gleich auszusehen, als die Grenzen zwischen Alltag und Feiertag verschwanden?

Der eine Tag in der Woche macht etwas mit den anderen Tagen, das ist meine These. Alle Arten von Ruhe haben miteinander zu tun, und der eine Tag in der Woche kann ein Werkzeug sein, um die menschlichen Qualitäten wiederzugewinnen, die nur über eine gewisse Zeit wachsen können. Ein Tag, an dem wir ruhig werden, so ruhig, dass wir die leise Stimme in uns vernehmen und uns an die Weisheit erinnern, die unsere Arbeit und all unsere Mühen fruchtbar macht. Erst wenn wir ruhen, verstehen wir, warum wir ruhen sollen.

Der Sabbat ist nicht einfach ein freier Tag, er ist die Anwesenheit von etwas, das uns für alles empfänglich macht, was schön, nährend und wahr ist. Er ist eine Zeit, in der wir unsere Aufmerksamkeit bewusst auf das richten, von dem wir wollen, dass es unser Leben erfüllt. Eine Zeit, in der wir bewusst Nein sagen zu allem, was uns nur beschäftigt und von dem abhält, was wir eigentlich wollen.

Der Sabbat hat auch eine ethische Dimension. Die Anweisungen zum Sabbat im 5. Buch Mose betonen, dass er für Söhne und Töchter, für Sklaven und Sklavinnen gelten soll. Sogar das Vieh hat ein Recht auf Ruhe. Wie Jesus sich zum Sabbat verhielt – dass er ihn respektierte und einhielt, die religiösen Regeln aber nie für wichtiger hielt als seine Mitmenschen –, zeigt, dass die Ruhe mit der Art unseres Zusammenlebens zu tun hat.

Das ist alles andere als ein Egotrip. Ruhe und Verantwortung gehören zusammen. Es gibt auch einen deutlichen Zusammenhang zwischen Ruhe und Empathie. Es ist eigentlich ganz logisch: Weil wir uns emotional nicht bei unendlich vielen Dingen gleichzeitig engagieren können, reagieren wir auf die gefühlsmäßige Überforderung mit Abwehr. Gleichgültigkeit ist die größte Gefahr in einer Hochgeschwindigkeitsgesellschaft. Diese Einsicht ist ein spannender Aspekt unserer Suche nach Ruhe. Wer sich aus dem Jagen und Hetzen herauszieht, engagiert sich mehr, nicht weniger.

»Den Sabbat ›Lust‹ nennen«, wie die Bibel es ausdrückt (Jesaja 58,13), bedeutet, die Schönheiten der Welt zu genießen und die Spuren Gottes im anderen zu entdecken. Es ist eine Weise, sich bewusst zu weigern, die Umgebung und die Mitmenschen auf etwas zu reduzieren, das nur den eigenen Zwecken dient. Ohne die Ruhe reagieren wir bald nur noch auf alle Anforderungen und Ansprüche, die uns entgegenkommen wie Autos auf einer viel befahrenen

Straße. Aber wir schaffen es nicht oder versuchen es vielleicht noch nicht einmal, darüber nachzudenken, wohin wir eigentlich unterwegs sind, was wir wollen.

Vor allem schaffen wir es nicht, darüber nachzudenken, wer wir eigentlich sein wollen. In einer Gesellschaft, in der man sich etwas darauf einbildet, viel zu tun zu haben, in der »total beschäftigt« zu sein hohen Status markiert und Ruhen ein Synonym für Faulenzen ist – in so einer Gesellschaft wird Ruhe schnell mit Passivität und Phlegma gleichgesetzt.

Vielleicht entschuldigen wir uns deshalb immer, wenn es um fehlende Ruhe geht, verteidigen uns und finden irgendwelche Ausflüchte?

Erst wenn wir ruhen, verstehen wir,
warum wir ruhen sollen.

Kapitel 7

Lob der Vollbremsung

Der Ostersonntag 2013 gehört zu den Tagen meines Lebens, die ich nie vergessen werde. Vielleicht wird er sogar einmal zu dem Tag, der mich alle anderen Ostertage feiern lässt. Das ist noch offen, aber ich halte es nicht für unmöglich.

Vom Hang hinter dem Auguste-Viktoria-Krankenhaus, wohin wir uns früh am Morgen begeben hatten, wurde Jerusalem nach und nach im Morgenlicht sichtbar. Es war kein klarer Morgen, die letzten Tage waren drückend warm gewesen, aber jetzt hatte es sich ein klein wenig abgekühlt. Der Dunst über dem Tal zwischen Berg und Stadt quoll empor wie ein Räucherwerk der Natur.

Der Grund, weshalb wir zur Altstadt aufstiegen, war nicht allein der, dass wir dort Ostern feiern wollten. Wir hofften auch zu erleben, wie dort der Sabbat begangen wurde, rein praktisch, sozusagen im körperlichen Kontakt mit uralten Gedanken und Ritualen.

Vielleicht gibt es nur eine Stadt auf der Erde, in der das richtig deutlich wird: in Jerusalem, der »Mitte der Welt«, wie der Prophet Hesekiel sie nennt (Hesekiel 38,12).

Wo die Arbeit so abrupt abgebrochen wird, wie es in den orthodoxen Vierteln geschieht, kann man den plötzlichen Umschwung der Stimmung spüren. Es hört sich widersprüchlich an, dass dieses Anhalten, um zu ruhen, so plötzlich passieren muss, aber dieser Stopp ist nicht von Dauer. Er gleicht eher der Generalpause in einer Komposition. Der Umschwung wird verstärkt durch all die Klänge, die sich hier mischen und den Soundtrack der Stadt bilden: Kirchenglocken und der Ruf von den Minaretten, Wohlklang und Verzerrtes, Metallisches und menschliche Stimmen. Es ist selten ruhig in Jerusalem. Die Stadt ist wirklich verrückt. Und es ist ganz unmöglich, sich nicht in sie zu verlieben.

Nur oben auf dem Ölberg herrscht Stille. Der Gottesdienst, den wir hier feiern, schlägt zarte Töne an. Einige Rucksacktouristen, die unter freiem Himmel übernachtet haben, erwachen beim schwedischen Osterpsalm, richten sich verschlafen auf und blicken uns an, als fragten sie sich, ob wir aus dem Jenseits zu ihnen gekommen seien. Einige Augenblicke später haben sie begriffen, was los ist. Sie legen sich wieder hin und schlafen weiter, während wir der Predigt lauschen und in einer schlichten Liturgie Brot und Wein teilen.

Nach dem Gottesdienst sind wir zum Frühstück im Schwedischen Theologischen Institut in der Prophetenstraße 58 eingeladen. Das denkmalgeschützte Haus ist eines der schönsten Häuser in ganz Jerusalem und eines der ältesten außerhalb der Stadtmauer. 1882 wurde es fertiggestellt.

Bei unserem Besuch wird das schöne Eingangsportal gerade restauriert – ein Lastwagen ist hineingefahren. Über dem Portal steht »Tabor« und ein Hinweis auf Psalm 89,13: »Nord und Süd hast du geschaffen, Tabor und Hermon jauchzen über deinen Namen.«

Das Gebäude ist von dem Architekten und Bauingenieur Conrad Schick erbaut worden, auf den viele der bekanntesten Bauwerke in Jerusalem zurückgehen, unter anderem das Neue Tor, das in das christliche Viertel der Altstadt führt. Wie das Haus aus Schicks Besitz an die Schwedische Kirche kam, ist eine eigene, spannende Geschichte.

Zusammen mit einer Gruppe von Schweden, die in Jerusalem wohnen, frühstücken wir lange im gepflasterten Innenhof, und dann geht das Frühstück auf meinen Wunsch hin in ein Gespräch mit Göran Larsson über, dem ehemaligen Leiter des Theologischen Instituts. Wir wechseln in einen Gesprächsraum des Hauses, nur Göran Larsson, meine Frau Lotta und ich, aber schon bald bevölkert sich dieser Raum mit Erinnerungen, Menschen aus der Geschichte und dem nicht extra eingeladenen, aber sehr willkommenen Gast namens Behaglichkeit. Göran und ich haben im Winter Kontakt aufgenommen, und er weiß, dass ich hier bin, um mit ihm über den Sabbat zu sprechen.

GÖRAN LARSSON IST Theologe, ein Mann, der seit Jahrzehnten in Jerusalem wohnt und für ein vertieftes Verständnis und besseres Miteinander von Juden und Christen arbeitet. In seiner »Bergpredigt« an diesem Morgen hat er davon gesprochen, gewiss zu sein, wenn auch manchmal eine gewisse Gewissheit fehlt – ein typisches Göran-Sprachspiel.

Zum ersten Mal nach Jerusalem kam er im Jahr 1972. Er hatte in Lund Hebräisch studiert, und jetzt erkannte er auf Plakaten und Straßenschildern, in der Synagoge und beim Einkaufen einzelne Wörter wieder. »Es war wie Nachhausekommen«, erzählt er.

Wir unterhalten uns über Jerusalem als zentralen Ort dreier Religionen, aber auch über die »Hauptstadt der Bibel« und darüber, wie unfassbar es ist, dass die jüdische Religion überlebt hat, während so viele andere Religionen im Lauf der Geschichte untergingen. So viele Dinge aus den biblischen Schriften haben hier immer noch Klang, Form und Farbe. Wir reden über das Judentum als »die ältere Schwester« des Christentums, aber schon bald kommen wir auf den Sabbat zu sprechen und darauf, was dieser älteste aller Lebensrhythmen – sechs Tage Arbeit und ein Tag Ruhe – bedeutete und bedeutet.

»Wie man die Arbeit sah, dieser Blick, der zum Sabbat gehört, ist nicht weniger als eine Revolution in der Geschichte der Menschheit«, sagt Göran Larsson und erinnert uns daran, dass die Kulturen im Umfeld eine ganz andere Auffassung von Arbeit hatten. In verschiedenen Mythen dieser Kulturen wird der Mensch als Sklave der Götter erschaffen. In der biblischen Schöpfungsgeschichte bekommt der Mensch einen göttlichen Auftrag: Er soll die Schöpfung bewahren und für sie Verantwortung tragen. Die menschliche Arbeit ist eine »Verwaltungsaufgabe«, sie ist ein Zusammenwirken mit dem Schöpfer. Die Arbeit ist etwas Erhabenes, und das hat auch Auswirkungen auf die Achtung der Ruhe. Der Mensch ist Gottes Ebenbild – in seinem Arbeiten wie in seinem Ruhen.

Göran beschreibt, wie Arbeit und Ruhe in der biblischen Begriffswelt unauflöslich zusammengehören; sie sind als Einheit geschaffen. Dennoch sollen wir sie auseinanderhalten. Vielleicht machen wir uns ja genau an dieser Stelle einiges in unserem Leben zu schwer? Wenn die alte Grenze zwischen Arbeit und Ruhe wegradiert wird, bekommen wir ein Problem, denke ich.

Ich erzähle ihm, dass wir kurz vor Beginn des Sabbats im orthodoxen Stadtteil gesessen und zugesehen haben, wie Familien sich beeilten, um es rechtzeitig zu schaffen – nichts zu tun! Ich frage mich, was das für merkwürdige Regeln sind, nach denen etwas, das um 18.05 Uhr noch erlaubt war, um 18.10 Uhr verboten ist. Ist diese Vollbremsung nicht ein bisschen übertrieben?

Göran Larsson lacht herzlich. Er entspannt sich, obwohl er an diesem Morgen etwas Fieber hat. Der regelmäßige Rhythmuswechsel, den man in den Straßen von Jerusalem spürt, gehörte, als er hier hinkam, zu den ersten Dingen, die ihn frappierten. »Das fühlte sich so anders an, und trotzdem so heimisch.«

Das ist 41 Jahre her. Göran war 22 Jahre alt, als er für ein halbes Jahr nach Jerusalem kam.

Jetzt macht er einen Sprung in die Vergangenheit und schildert uns kurz, aus welchem Milieu er selbst kommt: aus einer bäuerlichen Gesellschaft, deren Woche durch einen klaren Rhythmus von sechs Tagen Arbeit und einem Tag Ruhe geprägt war. Dabei ist ihm wichtig, darauf hinzuweisen, dass er unter Menschen aufwuchs, die sich nicht mit der Kirche identifizierten. Dass es Gott gab, war sicherlich eine Selbstverständlichkeit, aber das hieß nicht, dass seine Familie sich zu den Frommen zählte. Die Frommen, das war eine andere Truppe.

Dennoch war der Sonntag heilig, erzählt er: »Ich wuchs auf einem Hof auf, und wenn der Sonntag näher kam, veränderte sich das Leben dort spürbar. Wir harkten die Wege für den Sonntag. Das ist wahr! Und nie habe ich meine Eltern am Sonntag etwas tun sehen, das nicht absolut notwendig war. Meine Mutter breitete eine Tischdecke über den Arbeitsflächen aus, die Decke hing bis über die oberen Schubladen herab, aus denen man ja nun nichts mehr herausnahm. Am Samstagabend putzten wir die Schuhe. Dann war Feiertag.«

»Aber was soll dieser plötzliche Halt? Muss das denn so pedantisch genau geregelt sein?«, frage ich.

Göran setzt sich ein wenig anders hin und sagt: »Es könnte jetzt sein, dass ich mit dem Reden gar nicht mehr aufhören kann.« Was ein echtes Risiko ist.

»Eine wesentliche Beobachtung – wenn man einmal versuchen will, die Besonderheit des Judentums im Vergleich zum Christentum herauszuarbeiten – ist, dass das Judentum von vielen Festlegungen und Grenzziehungen gekennzeichnet ist. Auch wenn es schrecklich negativ klingt, wenn man das so beschreibt«, schiebt er ein, »aber da steckt Weisheit drin! Man unterscheidet die Dinge. In den Gebeten dankt man Gott dafür, dass er ein Gott ist, der das Heilige vom Profanen trennt, die Arbeit der sechs Tage von der Ruhe des einen Tags.

Die Sache mit der Arbeit und der Ruhe ist ja ein biblisches Gebot«, unterstreicht er und betont, wie genau es Gott hier nimmt. »Das spürt man, wenn man das Alte Testament liest: Der Sabbat ist so wichtig, dass dieses Gebot in der einen Waagschale so viel Gewicht zu haben scheint wie alle anderen Gebote in der anderen. Für den gesetzestreuen Juden ist der Sabbat so heilig, dass man ihm sehr viel Aufmerksamkeit schenken muss. Wenn der Zug abfährt, dann fährt er! Da muss man schauen, dass man ihn nicht verpasst. Wenn der Sabbat schon begonnen hat, und man tut noch etwas, das man nicht tun darf, verstößt man gegen das Sabbatgebot. Deshalb ist die Frage: Wann beginnt und wann endet der Sabbat? sehr wichtig. Wenn man das von außen betrachtet, passiert es leicht, dass man nichts als strenge Regeln sieht, so als ginge es nur um all die Sachen, die man nicht tun darf. Aber wenn man damit aufgewachsen ist, schafft es tatsächlich Sicherheit und Ruhe. Die detaillierten Vorschriften bilden ein Gefäß – ein goldenes Gefäß –, in dem man das Kostbarste und Wichtigste aufbewahrt, das man hat. Die Regeln markieren eine Grenze. Manche Sachen dürfen nicht mit über die Schwelle genommen werden. Hier in Israel ist der Beginn des Sabbats so eine Zäsur, dass in der ›Jerusalem Post‹ steht, wann er beginnt, auf die Minute genau. Danach hat man noch 18 Minuten, um das, was man gerade tut, abzuschließen.«

Göran fällt wieder ein, wie er nach Jerusalem kam und schon bald in eine jemenitische, jüdisch-orthodoxe Familie im orthodoxen Stadtteil Mea Shearim eingeladen wurde. »Wir sangen Psalmen, aßen gut und machten uns einen schönen Abend«, erinnert er sich. »Die hielten sich knallhart an alle Regeln, aber im persönlichen Kontakt waren es auffallend entspannte Leute. Als ich mich verabschiedete, fiel mir ein, dass ich gar nicht wusste, wo genau in diesem Stadtteil ich war.

›Komm nächste Woche wieder‹, sagten meine Gastgeber.

›Wie heißt denn die Adresse?‹, fragte ich und nahm einen Stift und ein Stück Papier zur Hand – etwas, das in diesem Haus am Sabbat noch nie jemand getan hatte.

›Nein, nicht jetzt! Du musst die Adresse wiederholen, dir einprägen. Bis du zu Hause bist, musst du sie gar nicht mehr aufschreiben, dann kannst du sie auswendig‹, sagten sie. Liebevoll, aber bestimmt.

Das ist die Grenzziehung. Du sollst nichts ausführen, nichts schaffen. Es bewusst nicht zu tun, ist sozusagen ein symbolisches Hintersichlassen der Schöpfung«, sagt Göran mit Nachdruck.

In seinem Buch »Zeit mit Gott« beschreibt Göran Larsson die Ruhe als ein Glaubensbekenntnis. »Die Sabbatruhe bedeutet nichts Geringeres, als dass man für einen Tag in der Woche die Schöpfung symbolisch in Gottes Hand zurückgibt, indem man darauf verzichtet, selbst etwas zu schaffen.«

»Wenn du einen Tisch umstellen willst, dann tu das. Damit schaffst du ja nichts Neues, du stellst ihn nur um. Du kannst Sachen verändern, aber du darfst nichts Neues schaffen.«

Ich glaube, mein Kopf fängt an, sich ein bisschen zu drehen, aber Göran macht weiter: »Das Zeichen für die Schwelle zwischen Arbeit und Ruhe ist das Entzünden der Sabbatlichter. Das Licht steht für Kreativität, für Energie.«

Göran findet, dass die Interpretation des Gebots im Sinne von »Du sollst nicht arbeiten« unpassend ist. Genauer wäre: »Du sollst nichts schaffen.« Du sollst mit dem Schaffen aufhören, so wie Gott am siebten Tag aufhörte, die Welt zu erschaffen.

Er lacht wieder herzlich, aber nicht verächtlich, als wir auf all die Haarspaltereien zu sprechen kommen: die unzähligen Gebote und Verbote, die sich die Rabbiner überlegt haben, um den wöchentlichen Stopp genau zu regeln.

Wir halten uns eine Weile bei den Lichtschaltern auf, die man nicht mehr betätigen darf, wenn der Sabbat begonnen hat.

»Es kann einem wie ein Minenfeld vorkommen, bei dem man ständig aufpassen muss, dass man nicht schon wieder auf ein Verbot tritt, trotzdem muss ich das Judentum verteidigen«, sagt Göran, »denn hier findet sich ein Schlüssel, den man für viele Dinge verwenden kann.«

An diesem Punkt ist er schwer zu stoppen. Sein Fieber scheint wie weggeblasen.

»Man kann sich fragen: Was soll das? Auf einen Schalter zu drücken, ist doch keine Arbeit!«

Die Frage ist rhetorisch und bleibt eine Weile in der Luft hängen. Dann nimmt er den Faden wieder auf und erzählt, wie er mal einem Rabbiner genau diese Frage gestellt hat. Und der antwortete: »In dem Moment, wo dir erlaubt ist, auf einen Schalter zu drücken, gibt es 99 andere Schalter, die darauf warten, gedrückt zu werden. Schalter, die dich versklaven wollen.«

Jetzt klingt er wirklich wie ein Prediger (der er ja auch ist): »Was versklavt uns? Wie sehen die modernen Sklaventreiber aus?« Er wartet unsere Antwort nicht ab.

»Denk an die Sache mit den Schaltern«, sagt er und zeigt auf mein Handy, das zwischen uns auf dem Sofa liegt. »Vielleicht sollten wir das Gebot ja tatsächlich buchstäblich nehmen?«

An dieser Stelle werfe ich eine Frage ein, die auf Allgemeineres zielt: »Kann es nicht auch darum gehen, dass wir die Welt so lassen, wie sie ist, dass wir uns darin üben, sie auch in ihrer mäßig guten Verfassung zu lieben?«

»Du sagst es: Es geht darum, einmal nichts zu ändern!«

Er sagt diesen Satz, als wäre der Gedanke ihm völlig neu – wobei das sicher nur ein Ausdruck seiner Höflichkeit ist.

»Das ist etwas, auf das die Rabbiner oft hinweisen. So wie es immer wieder heißt, dass man nichts schaffen soll, heißt es auch immer wieder, dass man nichts verändern soll. Du sollst die Ordnung der Dinge nicht ändern. Du hast kein Recht dazu. Sechs Tage in der Woche bist du dazu berufen – zu verändern, zu entwickeln, zu verbessern –, aber nicht am siebten Tag.«

Dann erzählt Göran Larsson, dass die Sabbatliturgie sich in einem wichtigen Punkt von der Liturgie der anderen Tage unterscheidet: Am Sabbat bittet man um nichts. Weder für sich selbst noch für andere. Es gibt Anbetung und Lobgesang, aber die Fürbitte darf ruhen.

Ich weiß nicht, was es ist, aber in diesem Moment geschieht etwas im Raum. Etwas Schweres, Belastendes fällt von meinen Schultern. Und ich verstehe, dass wir eine der Voraussetzungen der Ruhe berührt haben, ihr großes Geheimnis: So, wie es ist, ist es gut.

Sechs Tage in der Woche bist du dazu berufen, zu verändern, zu entwickeln, zu verbessern – aber nicht am siebten Tag.

Kapitel 8

Vieles im Leben wird nie mehr als halb fertig

SPÄTER AN DIESEM NACHMITTAG setzen Lotta und ich uns in ein Straßenlokal in der Ben-Yehuda-Straße, der Einkaufsmeile, die Straßenmusiker, Flaneure, Zauberkünstler und Shoppingbegeisterte anzieht wie das Licht die Motten. Wir bleiben bei den Sängern eines koreanischen Chors stehen, die ihrem Gebaren nach zu urteilen aus einer charismatischen Gemeinde kommen. Das Konzert, das sie geben, ist etwas seltsam: Sie scheinen sich allein an Gott zu wenden, und man fragt sich natürlich, warum sie dann gerade hier singen. Einige Schritte weiter laden drei ältere Männer ein, ihrem Saxofonkonzert zu lauschen.

Lobgesang, der in Jazz übergeht, der sich wiederum in den Klang einer einsamen Flöte mischt, die in der Nähe des Cafés zu hören ist, wo wir uns niederlassen … Wir verzichten erst einmal aufs Reden. Das Gespräch, das wir in der Prophetenstraße geführt haben, hallt in uns nach.

Eine Weile später nehme ich meinen Notizblock und beginne, die wichtigsten Gedanken zum Thema Ruhe aus dem Gespräch mit Göran Larsson festzuhalten. Was von alledem lässt sich in die Praxis umsetzen – für uns, die wir Jobs haben und uns abrackern, an denen Dinge ziehen und Loslassen verlangen, die wir bauen und umbauen, verbessern und weiterentwickeln, aber manchmal vergessen, die schlichte Frage zu stellen: »Warum und wofür tun wir das?«

AUF EINE LEERE Seite meines Notizblocks schreibe ich fünf Dinge. Worte, die das Zeug zu einer soliden Grundlage haben, so wie meine Küchenbank.

Das erste ist – wenig überraschend – *Vollbremsung*. Ist es nicht das, was am Sabbat am meisten stört?, fragen wir uns. Dass er so starr ist? Dass er so einen eindeutigen Anfang und ein eindeutiges Ende hat? Der Sabbat beginnt, wenn die Sonne am Freitagabend untergeht, und er endet, wenn am Samstagabend drei Sterne am Himmel zu erkennen sind. Es gibt ein klares Davor und ein klares Danach.

In einer Gesellschaft, die vollständig zu dem übergegangen ist, was jetzt »mobile Zeit« heißt – jeder Mitarbeiter einer Firma wählt selbst, wann und wo er arbeitet –, wirkt diese Art unerschütterlicher Pünktlichkeit antiquiert. Eine SMS – »Komme ein paar Minuten später« – löst doch die meisten Probleme. Oder man legt sich erst gar nicht fest: »Wir halten das mal offen.« Beinah afrikanisch. In der Gesellschaft, die gerade entsteht, gibt es keinen Anfang und kein Ende. Nichts beginnt oder endet genau in diesem einen Moment.

Diese Veränderung kann Dinge erleichtern und Stress vermindern. »Es brennt nicht.« Aber die mobile Zeit ist auch eine Zeit, die wir selbst kontrollieren. Das bedeutet Freiheit, aber auch eine neue Herausforderung. Die Vollbremsung nimmt uns diese Kontrollaufgabe aus der Hand und lässt uns – wie bequem! – ruhen, weil es jetzt ja zu spät ist, um etwas zu tun. Die Zeit ist aus. Jetzt ist Zeit für etwas anderes. Vielleicht etwas Wichtigeres?

Es gibt nur eine Sache, die schwieriger ist, als einen Anfang zu machen: ein Ende zu finden. Wenn man gerade etwas träge, matt und unentschlossen ist, kann es einem schier unmöglich erscheinen, mit etwas zu beginnen, selbst wenn man weiß, dass es unbedingt getan werden muss. Man kommt nicht in die Gänge. Entweder fallen einem tausend Sachen ein, die man machen könnte, bevor man das angeht, was eigentlich zu erledigen ist, oder man vertut die Zeit, indem man zwischen den Fernsehkanälen herumzappt, ein paar Runden in der Wohnung dreht, einige unnötige Telefongespräche führt oder einfach Löcher in die Luft starrt. Aber mit etwas aufhören, wenn die Sache so richtig Fahrt aufgenommen hat, ist noch schwieriger. Vielleicht müssen einige Regeln uns da tatsächlich helfen. Warum bloß haben wir solche Angst vor ihnen? Ist unsere Abwehr gegen alles, was mit Regeln, Verboten und Grenzen zu tun hat, dabei, zu einem neuen Gefängnis zu werden?

Ein klarer Stopp hat was. Ich mag es nicht, wenn die Musik im Radio vor ihrem Ende ausgeblendet wird. Ein Stück ist zu Ende, wenn es zu Ende ist. Die Stille nach einem erkennbaren Schluss ist etwas Klares, Spürbares, ganz anders, als wenn die Musik leise verebbt.

Wem »Die Entdeckung der Langsamkeit« nicht ohnehin in die Wiege gelegt ist, der hört hier eine frohe Botschaft. Während ich darüber nachdenke, taucht mein Vater wieder in meinen Gedanken auf. Er und sein Bruder Anton waren als »Die Gebrüder Eilig« bekannt. In den zwei Jahren, in denen ich einen Job in ihrem Textillager hatte, habe ich die beiden nie langsam gehen sehen – aber ich habe beobachtet, dass sie an den erstaunlichsten Orten ein Schläfchen hielten. Sie brauchten sich in der Gardinenabteilung nur kurz auf einen großen Karton zu legen, schon schliefen sie. Wir anderen hatten da noch gar nicht bemerkt, dass sie fort waren. Zwanzig Minuten später hörte man zwischen den Regalen wieder den vertrauten Klang ihres schnellen Schritts. Und weiter ging's. Dennoch war »Stress« kein Wort, das zu ihrem Leben passte. Es ging mehr um ein Los! und Stopp! Anknipsen und Ausknipsen.

Die fehlende Grenze zwischen Arbeit und Ruhe lässt leicht eine Art Niemandsland entstehen, das sich ausbreitet – in beide Richtungen. Es frisst sich in die Arbeit als Unvermögen, sich zu konzentrieren, und dabei stiehlt es die tiefe Freude, die zur Arbeit gehört. Auch in Richtung Ruhe breitet es sich aus: als Stress, der zu allem gehört, das man »irgendwie auch noch« tun sollte. Es liegt eine Kraft darin, eine Sache abzuschließen. Nicht so abzuschließen, dass man nicht später weitermachen müsste, aber für den Moment abzuschließen. Göran Larsson wies auf die Sabbatlichter hin, die diese Grenze markieren.

Ich erzähle Lotta, dass ich mal irgendwo von einem schönen kleinen Detail in der Sabbatliturgie gelesen habe: Wenn man die Lichter anzündet, tut man es so, dass die Flammen sich in den Fingernägeln spiegeln, als Zeichen für die Beziehung zwischen der göttlichen Schöpferflamme und unserer menschlichen Schaffenskraft. So wie das

Ja zur regelmäßigen Ruhe auch ein Ja zur Arbeit und zur Freude an der Arbeit ist. Am Samstagabend, zum Sabbatende, wird zum Beginn der sechs Schaffenstage erneut ein Licht angezündet – die Hawdala-Kerze –, die oft einen ineinandergeflochtenen sechsfachen Docht besitzt.

Der plötzliche Stopp ist eine der ältesten Ideen der biblischen Tradition. Die Bibel erhebt diesen Gedanken über die körperlichen Bedürfnisse, über die Müdigkeit, macht ihn zu einer Notwendigkeit, widmet ihm einen eigenen Tag und füllt diesen Tag mit dem größten Geheimnis. Gott schafft die Ruhe und verordnet sie sich selbst.

Ein Gedanke, der einen leichten Schwindel auslöst, während ich immer noch in der Ben-Yehuda-Straße sitze.

Ich schreibe weitere Wörter auf meinen Notizblock: *Tasten, Schalter, Knöpfe.*

Ist das nicht eine sonderbare Vorstellung? Versklavt wird man doch durch Laster, Mächte und Kräfte. Aber Tasten, Schalter, Knöpfe? Immer, wenn man sich gerade wieder über das schlechte Fernsehprogramm beklagt, findet sich einer, der sagt: »Es gibt einen Knopf, damit kann man die Kiste ausschalten!« Das stimmt. Aber leicht ist es bekanntlich nicht. Vielleicht ist die Fähigkeit, zu wollen und zu wählen, ein Privileg der Starken, vielleicht auch unser aller Privileg – wenn wir denn in guter Form sind. Sonst nicht.

Möglicherweise können einem Regeln helfen, die man selbst aufgestellt hat. Nicht, weil ein anderer das fordert oder um Gott eine Freude zu machen, sondern nur, weil man den Wunsch hegt, mit dem eigenen Leben pfleglich umzugehen, eine Sehnsucht, so frei wie möglich zu werden. Eine Sehnsucht, der Versklavung zu entgehen.

»In dem Moment, wo dir erlaubt ist, auf einen Schalter zu drücken, gibt es 99 andere Schalter, die darauf warten, gedrückt zu werden. Schalter, die dich versklaven wollen.« So hatte der Rabbiner geantwortet. Es ist leicht, seine Antwort zu belächeln – bis einem aufgeht, dass diese kuriose Regel genau ins Schwarze trifft. Stehen wir nicht mitten in einem Kampf gegen all die Tasten, Schalter und Knöpfe – ob im buchstäblichen oder im übertragenen Sinne? Unser Leben ist voll davon!

Als die Rabbiner sich diese Regeln ausdachten, waren Handys, Computer und drahtlose Netzwerke weit, weit entfernt. Es gab kein Skype, kein WhatsApp, kein Instagram. Noch nicht mal einen Fernseher; es war vor so ziemlich allem, was uns heute selbstverständlich ist und was sich ständig in unserer Reichweite befindet. Lauter gute Sachen. Aber schrecklich viele und fürchterlich aufmerksamkeitsheischende.

Da hat man sich Gedanken wegen eines Lichtschalters gemacht! Wir haben uns entschieden, immer mehr Tasten, Schalter und Knöpfe zu schaffen, sind aber völlig unfähig geworden, sie zu drücken. Oder sie mal nicht zu drücken. Ein handyfreier Tag in der Woche kann doch kein zu hochgestecktes Ziel sein! Nicht, wenn man bedenkt, was man riskiert, wenn man alles einfach immer so weiterlaufen lässt. Das »Stopp!« kann man nicht kaufen. Man muss einfach aufhören.

ABER MAN KANN eine Sache doch nicht abschließen, ehe man fertig ist!? Wir sind beim dritten Gedanken, den wir aus der Prophetenstraße mitgenommen haben. *Vieles im Leben wird nie mehr als halb fertig*, schreibe ich in meinen Notizblock.

Es ist deshalb klug, manchmal eine Deadline zu haben, die nicht »fertig« heißt. Man wird ja nie fertig. Man putzt das ganze Haus und freut sich, wenn man fertig ist. Aber nächste Woche muss das Haus wieder geputzt werden. Man gibt einen fertigen Text ab und bekommt ihn vom Redakteur mit unzähligen Verbesserungsvorschlägen zurück. Es nimmt kein Ende. Was ändert sich, wenn man das fertig macht, woran man gerade ist, und die Ruhe um eine halbe Stunde verschiebt? – Nichts.

Aber genau hier berühren wir ein Gebiet, auf dem sich, wie ich glaube, viele von uns täuschen. Es heißt »gerade nur noch«. »Ich will gerade nur noch …« gehört zu dem Arsenal von Ausreden, die dazu dienen, die klare Linie verschwinden zu lassen. Alles, was »schnell noch fertig werden muss«, hat die Tendenz, etwas nach sich zu ziehen, das auch »schnell noch fertig werden muss«. Und ehe man sich versieht, hat man einen Lebensstil angenommen, den man unmöglich auf lange Sicht durchhalten kann.

Wir wohnen seit fast 25 Jahren in unserem Haus. Ich erinnere mich, wie wir nach dem Umzug sagten: »Das wird sehr schön, wenn es erst mal fertig ist!« Leider sagen wir diesen Satz immer noch. Bisher war jedes unserer Jahre in diesem Haus Teil einer langen Reihe von Projekten, die gerade im Gange waren. Große und kleine. Eine Veranda hier, eine Bücherwand dort und eine gemütliche Ecke zum Kaffeetrinken mittendrin.

Bei alledem hat uns immer der Gedanke beflügelt, wie alles sein wird, wenn es erst mal fertig ist. Dann werden wir eins der Bücher aus dem Regal nehmen und uns in den Ohrensessel sinken lassen! Dann werden wir auf der Veranda sitzen und die Stunden verrinnen lassen! Dann werden wir unseren Kaffee in der neuen und wahnsinnig gemütlichen Ecke trinken! Dann! Wenn das alles fertig ist.

Ich erinnere mich an die vielen Male, wenn wir Gäste hatten und ich beim Rundgang durch unser Haus an einer unserer Umgestaltungsbaustellen vorbeikam: wie ich mich dann entschuldigte, immer mit dem Satz, dass es sehr schön sein wird, wenn es erst fertig ist. Vielleicht wäre ein anderer Satz wahrer gewesen? Das wird sehr traurig, wenn alles fertig ist.

Ich glaube immer mehr, dass es mit unserem Leben wie mit unserem alten Haus ist: Eine Baustelle zu sein, liegt in seiner Natur. Es wird nie fertig sein, denn solange wir noch zugange sind, bleiben unsere Träume und unsere Sehnsucht lebendig. Und das ist nun wirklich ein Gedanke, der Ruhe schenkt. Ruhe, mitten auf der Baustelle. Denn fertig wird man nie.

UND DANN WAR da noch die Sache mit dem *nichts verändern/nicht ändern.*

Dinge sein lassen, wie sie sind, es gut sein lassen und dabei seine Ruhe finden. So wie es ist, taugt es zu etwas. Es könnte besser sein, aber wir nehmen es jetzt, wie es ist. Um der Ruhe willen.

Dass die Dinge besser sein könnten, ist natürlich ein Gedanke, der Entwicklungen anstößt. Wie würde die

Welt aussehen, wenn es nicht Menschen gäbe, die den Fortschritt vorantreiben? Sich von allen Veränderungen einmal freizunehmen, heißt nicht, dass man gegen Weiterentwicklungen ist, sondern nur, dass man eine Weile pausiert, und zwar so, dass man das, was schon zustande gekommen und vorhanden ist, genießt.

Wofür braucht man eine neue Küche, wenn man es nicht schafft, Mahlzeiten vorzubereiten und dort zu essen? Da wäre es vielleicht besser, sich die Zeit zu nehmen, die der Umbau erfordern würde, sich gemütlich hinzusetzen und in aller Ruhe gut zu essen – in der alten Küche. Zu ruhen heißt, die Entscheidung zu treffen, dass die Dinge jetzt gut genug sind. In der Wohnung, in der Beziehung, im Job, in Sachen Bildung oder wo auch immer. Und danach sollte man sich nicht wundern, wenn während der Frei-Zeit, die man sich geleistet hat, dieses oder jenes eine bemerkenswerte Entwicklung vollzogen hat.

Ganz in unserer Nähe hat ein neues Konzert begonnen. Die koreanischen Lobpreissänger haben Verstärkung bekommen. Eine ganze Busladung Sänger ist dazugekommen, und wir fühlen uns, als säßen wir mitten in einem freikirchlichen Gemeindesaal.

Wir fassen zusammen:

Bringe nichts in Ordnung. Zerstöre nichts. Lass es so, wie es ist. Bis morgen.

Es hört sich stimmig an, wenn man das so hintereinander liest. Wo die Ambitionen wegfallen, öffnet sich ein Raum, eine Fläche, die einem die Zwangsjacke des Termindrucks auszieht, wie gemacht, um Musik zu hören, um ein Buch in Ruhe fertig zu lesen oder einfach in all dem Halbfertigen herumzustöbern und sich darüber zu freuen, dass es so gut wie fertig ist.

Wenn diese Maximen für alles Mögliche gelten, dann müssten sie auch für die geistliche Entwicklung gelten, denke ich. Für das Gebet, ein vertieftes geistliches Leben, all das. Göran Larsson war auf derselben Spur, als wir uns verabschiedeten. Was hat er noch mal gesagt? Dass man in der Sabbatliturgie Gott um nichts bittet. Noch nicht mal ein Sündenbekenntnis gibt es da. Der Ruhetag ist ein Tag, an dem die Wünsche freihaben. Warum? Damit wir nicht dort landen, wovor Göran uns gewarnt hat: beim Ruhen mit schlechtem Gewissen.

Eine unsichtbare Linie läuft von dem schönen Raum im Schwedischen Theologischen Institut in der Prophetenstraße über ein inzwischen sehr lautstarkes koreanisches Lobpreiskonzert bis zu unser aller Küchen, Projekten und Träumen. Es ist gut, so wie es ist.

Wenn man es wagt, daran zu glauben, können Dinge anfangen zu geschehen.

~

Es gibt nur eine Sache, die schwieriger ist, als einen Anfang zu machen: ein Ende zu finden.

Kapitel 9

Das Wertesystem der Ruhe

IM SCHÄRENGEBIET VOR TURKU gibt es eine Insel, die Onyttan (Unnütz) heißt und die eine Art Kultort für muslimische Mystiker geworden ist. Ich wünschte, es wären Christen, die sich von diesem Ort angezogen fühlen. Nicht dass ich Muslimen schöne Schäreninseln missgönnen würde, sondern nur, weil gerade das Unnütze in der fortschrittsverrückten, aktiven, rentablen und messbaren Variante geistlichen Lebens, die in großen Teilen der nördlichen Christenheit vorherrscht, so einen schlechten Ruf hat.

In der langen Geschichte der Kirche hat es immer einen Kampf gegeben zwischen denen, die rechnen, und denen, die lieben. Wenn der Schwarzseher in mir die Oberhand gewinnt, dann habe ich das Gefühl, dass zurzeit die Rechner an der Macht sind. Die Theologie der Rechner lässt sich mit dem Satz zusammenfassen: Gott ist, was er tut. Über Gottes Tun kann man Buch führen, dann hat man etwas in der Hand. Sich an geistliche Dinge zu halten, soll sich auch lohnen, ganz einfach. – Man muss kein großer Prophet sein, um zu verstehen, dass dieser Weg zu einer geistlichen Verarmung führt. Ein müder Glaube ist sein Resultat.

Ich selbst war nie auf Onyttan, aber ich würde gern mal

dorthin reisen. Ich habe mir aber immerhin Bilder angesehen und bin mithilfe von Google Earth über der Insel geschwebt. Vielleicht muss man auch gar nicht dort hinfahren. Man kann sich ein Onyttan im eigenen Umfeld schaffen, eine Insel irgendwo im Meer des Lebens, an der man anlegt, an Land geht und endlich aufhört, nützlich zu sein.

Und genau wie Karten, Bilder und Google Earth nur ein unzureichendes Bild vom *Leben* auf Onyttan geben können, so muss man wohl – im Bild gesprochen – seine Füße auf das eigene Onyttan setzen, um wirklich festzustellen, was es dort alles gibt. Onyttan ist nicht unbewohnt. Es ist von allem bevölkert, das in unserem Rentabilitätskosmos keinen Platz hat.

Das Besondere an der Ruhe-Insel, die ich Onyttan nenne, ist, dass man verändert von ihr zurückkehrt. Die Ruhe macht nämlich etwas mit uns, auch wenn es sich erst nicht so anfühlt.

»Die Arbeit ist gut, aber die Ruhe ist gesegnet«, schreibt Ulla-Britt Berglund in ihrem Buch »Die Zehn Gebote für unsere Zeit«[5]. Sie glaubt, dass die Ruhe, wenn man alle Gebote in eine Art Rangordnung bringen würde, erstaunlich weit oben stünde. »Nach der Heiligung des Namens Gottes und nach der Liebe kommt die Ruhe«, schreibt sie und weist darauf hin, dass das Sabbatgebot das Gebot mit den meisten Begründungen und der längsten Erklärung ist.

Wenn das Unnütze in unserem Leben nicht den Platz bekommt, den es verdient, den im Schöpfungsplan vorgesehenen Zwischenraum zwischen Nutzen und Nutzen, steht man in Gefahr, nur noch das zu sein, was man tut. Martin Luther schrieb schon vor 500 Jahren: »Man kann Gott nicht allein mit Arbeit dienen, sondern auch mit Feiern und Ruhe.«

Das zu sagen, war offenbar schon damals notwendig. Umso mehr heute, wenn ein Baumarkt mit dem Slogan wirbt: »Es gibt immer etwas zu tun!«

Die Ruhe ist wichtig, weil sie uns hilft, die Dinge wertzuschätzen, ganz unabhängig von wirtschaftlichen Maßstäben. Ich habe einen älteren Bruder, der ein passionierter Sammler und ein unermüdlicher Verkäufer ist. Sein Speicher ist bis in die hinterste Ecke mit Dingen gefüllt, die sich möglicherweise verkaufen lassen. Vorrangig Postkarten, aber auch Sticker, Fischköder in Originalverpackung, Anleitungen zur Reparatur von Omnibussen und alles mögliche andere, wovon unsereiner niemals annehmen würde, dass man es kaufen kann. Seine Geschäftsidee ist einfach und einleuchtend: Je ungewöhnlicher und entlegener ein Gegenstand ist, desto eher gibt es eine Person, die genau diesen Gegenstand sucht.

Mein Bruder ist deshalb »der ungekrönte König der Verpackungskünstler«, wie einer seiner dankbaren Kunden einmal schrieb. Jede noch so kleine Kleinigkeit gelangt eingehüllt in Schichten über Schichten von Verpackungsmaterial zu seinem neuen Besitzer. Nichts wird dem Zufall überlassen.

Einmal erzählte mein Bruder von einer der Postkarten, die ihm zu verkaufen geglückt war. Ich meine, dass auf der Karte ein alter Gutshof zu sehen war, der heute nur noch eine Erinnerung ist. Es war eine lange und detailreiche Geschichte, wie immer, wenn mein Bruder zu erzählen beginnt.

Mir kamen sofort ein paar Fragen, die meine Zweifel am Sinn seines Tuns offenbarten: »Wie schaffst du das bloß? Das braucht doch wahnsinnig viel Zeit: die Sachen finden, fotografieren, sie ins Netz stellen, mit den potenziellen Kunden Kontakt aufnehmen, dann einpacken, schicken, Fragen zur Bezahlweise beantworten ... Was verdienst du denn am Ende, wenn jedes Teil so viele Arbeitsschritte benötigt? Viel mehr als ein paar Groschen können da ja nicht übrig bleiben.«

Mein Bruder sah mich völlig verdattert an.

»Darum geht's doch gar nicht!«, sagte er dann. »Es geht doch darum, dass die Leute sich darüber freuen! Wenn sie anrufen oder mir mailen und erzählen, dass ein scheinbar unbedeutendes Ding für sie eine ganz spezielle und persönliche Bedeutung hat – eine Postkarte, auf der man ihr Elternhaus erkennen kann, das einzige Heft, das in einer ansonsten vollständigen Zeitschriftensammlung noch fehlte, oder ein Köder, von dem die Originalverpackung verloren gegangen war. Wenn die Leute dann völlig glücklich sind – das ist meine Bezahlung!«

Und plötzlich stand da nicht mehr mein Bruder vor mir, sondern beinahe so was wie ein Heiliger.

FAST ALLES, was wir tun, hat mit mindestens zwei Wertesystemen zu tun. Den einen Wert nennen wir Realwert oder Kaufwert – es geht also um das, was man für eine Sache bekommt, wenn man sie verkauft, oder bezahlt, wenn man sie kauft. Manchmal nennen wir diesen Wert auch den *eigentlichen* Wert. Eine größere Fehleinschätzung kann es allerdings kaum geben. Den anderen Wert nennen wir den affektiven oder Erinnerungswert. Dabei geht es also um anderes als das, was man messen und errechnen kann. Vielleicht erinnert uns zum Beispiel etwas an einen Freund, eine Tatsache, die in blanker Münze überhaupt nichts wert ist, uns aber dennoch unendlich viel bedeutet.

Den Unterschied kennen wir sehr wohl. Wenn jemand, den wir lieben, uns auf einen Post-it einen kurzen, liebevollen Gruß kritzelt, kann dieses Zettelchen ein Vermögen wert sein, und wir bewahren es auf, als wäre es ein Schmuckstück. Der gelbe Zettel ist natürlich, in Geld gemessen, vollkommen wertlos. Aber er steht für eine Liebe, die seinen Wert ins Astronomische steigert, denn der liegt in der Beziehung zwischen dem Schreiber und dem Empfänger der Botschaft. »Affektiv« kommt von »Affekt«, und das bedeutet »Gefühlsbewegung«. Im Englischen kann *affection* »Zuneigung«, »Zärtlichkeit« und »Erkrankung/Befall« bedeuten. Über Letzteres kann man ins Grübeln kommen.

Wenn man beide Wertesysteme im Blick behält, stärkt das in hohem Maße die Fähigkeit zu ruhen. Während man ruht, könnte man etwas Nützlicheres tun, etwas Wichtigeres. Das ist die eine Seite der Medaille. Während man ruht, entwickelt man aber auch die Fähigkeit – das ist die andere Seite –, das wertzuschätzen, was man im schnellen Tempo gar nicht erleben würde, was eine gewisse Zeit braucht, um zu wachsen. Völlig klar: Wenn man es eilig hat, trampelt man auf die Blumen. Man schätzt die Schönheit nicht, weil man sie gar nicht wahrnimmt.

Geld kann man auch in voller Fahrt zählen. Aber das Lied der Vögel, ein Sonnenaufgang oder zwei ineinandergelegte Hände erreichen uns nur, wenn wir ruhig und ganz anwesend sind. In der Liebe und in menschlichen Beziehungen ist der affektive Wert der eigentliche Wert.

Der Dichter und Lebenskünstler Henry David Thoreau (1817–1862), der für zwei Jahre seinen Dienst als Lehrer quittierte, um in und von der Natur zu leben, schrieb von seiner Waldhütte am Walden Pond in Massachusetts, dass er wie ein Puri-Indianer lebe, von denen man erzählt, dass sie für »gestern«, »heute« und »morgen« nur ein einziges Wort hätten und mit Gesten klarmachten, was sie meinen: nach hinten zeigen für »gestern«, nach vorne zeigen für »morgen« und nach oben zeigen für »heute«.

»[Mein Leben] erschien zweifellos meinen Mitbürgern als pure Faulheit; hätten mich aber Vögel und Blumen nach ihrem Maß gemessen, so wäre ich nicht zu gering befunden worden«, schreibt Thoreau.

Man vergleicht sich immer mit irgendjemandem, die Frage ist nur, mit wem. Wie ich sehe, hat man die Wahl – Thoreau verglich sich mit Vögeln –, und diese Wahl beeinflusst die Qualität unserer Ruhe. So gesehen kann man sagen, dass man ganz preiswert glücklich sein kann. Diese Behauptung ist natürlich eine Vereinfachung, aber sie ist dennoch wahr. Das Zusammensein mit der Person, die man liebt und zu der das Verhältnis entspannt und nicht erklärungsbedürftig ist, braucht keinen Luxus. Das bedrückende Schweigen in einer anstrengenden Beziehung lässt sich dagegen nicht durch Shoppen, Reisen oder ein buntes Programm vertreiben.

Mit den Worten von Sr. Sofie aus dem südschwedischen Kloster Rögle ausgedrückt: »Auch wenn man in Thailand im Restaurant sitzt, hat man sich nicht plötzlich etwas zu sagen.«

Mit dem Jahreswechsel 2005/2006 veränderte sich mein Leben spürbar. Die Smyrna-Gemeinde in Göteborg hatte mir eine halbe Stelle angeboten, und ich sagte Ja. Als ich noch ziemlich jung war, hatte ich fast acht Jahre lang als Jugendpastor in dieser Kirche gearbeitet. Dann kam das Leben dazwischen: Zwei unserer Jungen litten an einer fortschreitenden und aggressiven Hirnerkrankung. Schnell war klar, dass unsere Familiensituation sich nicht mit dem Leben als Jugendpastor vereinbaren ließ.

Die Arbeit in der Kirche aufgeben zu müssen, war sehr traurig, schließlich war diese Kirche immer eine große Liebe meines Lebens gewesen. In den folgenden fünfzehn Jahren widmete ich also meine Arbeitstage anderen Dingen, und es stellte sich heraus, dass das Leben neue und spannende Herausforderungen bereithielt. Das Schreiben wurde wichtig, und, damit verbunden, Einladungen zu Lesungen und Vorträgen bei ganz verschiedenen Veranstaltern.

Das alles ließ sich gut mit meinen Aufgaben zu Hause vereinbaren, und meinetwegen hätte es immer so weitergehen können. Aber nach einigen Jahren machte sich in mir ein schwaches, aber doch deutlich spürbares Empfinden breit, eine Ahnung, dass ich zur Kirche zurückkehren sollte. Ich versetzte mich innerlich in den »Stand-by-Modus«, und als die Anfrage kam, brauchte ich so gut wie keine Bedenkzeit mehr. Ich war bereit.

Für die Gemeinde war mein Comeback ganz undramatisch, wir hatten als Familie ja immer am Gemeindeleben teilgenommen, und ich hatte all die Jahre regelmäßig dort gepredigt. Für mich persönlich war es dennoch eine große Veränderung. Und eine unerwartet große Freude. Da war diese ganz bestimmte Zufriedenheit, die man spürt, wenn man das tut, was man tun soll. Eine Freude, die so gut wie nichts mit der Karriere oder einer finanziellen Verbesserung zu tun hat. Einfach, weil man am richtigen Platz ist.

Ich machte mich mit ganzer Kraft und voller Schwung an die Arbeit. Meine Tage verbrachte ich mit einer Gruppe von Kollegen, die mir zusätzlich Energie spendete. Doch ziemlich bald merkte ich, dass es auch eine Sache gab, die ich dabei war zu verlieren. Ich will sie mal das »Herumhängen« nennen. Es gab keine Tage mehr, in denen ich im Haus herumstreunte, das Radio reparierte, ins Hallenbad ging, mit den alten Männern in der Sauna ein Schwätzchen hielt oder einfach nur die Zeit verbummelte. Ich hatte die Unbekümmertheit verloren, die man braucht, um eine gerade nicht anderweitig benötigte, unschätzbare halbe Stunde aus dem Pflichtprogramm zu schneiden, ein Schläfchen zu halten, noch einen Moment liegen zu bleiben oder aber aufzustehen und sich ein wenig treiben zu lassen und dem Aufmerksamkeit zu schenken, was Zeit braucht, um zu wachsen. In meinem Leben gab es jetzt zu wenig Küchenbänke und zu viele Konferenzstühle.

Als ich das feststellte, machte ich einen Vertrag mit dem Ruhetag. Was dieser Vertrag mit *mir* gemacht hat, kann ich noch nicht ganz überblicken, aber einiges weiß ich schon: Die Freude an der Arbeit ist eher größer als kleiner geworden. Ich nutze meine Arbeitszeit besser und für die richtigen Dinge. Und ich habe mir eine gemächliche, manchmal schlurfende Gangart zurückerobert.

Dieser letzte Punkt hängt mit einem Briefwechsel zusammen, den ich mit dem emeritierten Bischof Martin Lönnebo geführt habe und der vor einigen Jahren auch als Buch erschienen ist.[6] Als ich ihm einmal mit einem tiefen Seufzer und schlechtem Gewissen schrieb, dass ich an einem langen Tag, an dem ich zu Hause war, nichts Vernünftiges zustande gebracht hatte, antwortete er mir am Telefon: »Wie schön, dass du einen ganzen Tag lang die Füße hinter dir hergezogen hast. Davon hast du später was.« Und dann gab er mir eine Lektion in der »wunderschönen Kunst des Herumschlurfens«, wie er es nennt. Bei dieser Disziplin geht man Lönnebo zufolge davon aus, »dass auch die Seele mal in Morgenmantel und Pantoffeln herumschlurfen möchte«.

Was er meinte und wofür er sich meinetwegen einsetzte, war wohl das Recht, meine Zeit unproduktiv und unrentabel zu verbringen. Das Recht, einen halben Tag darüber nachzudenken, was zu tun ist, aber nicht damit anzufangen. Ohne dass ich es merkte, füllten sich meine freien Tage mit Vorbereitungen für Kommendes. Ich tat nur noch Nützliches und wurde immer müder. Mein Vertrag mit dem Ruhetag hat mir geholfen, das Herumschlurfen wiederzufinden. Dafür bin ich dankbar.

Es liegt ein Segen im Unnützen. In einem gesellschaftlichen Klima, in dem die Zeit nicht mehr ist als eine messbare Einheit und in dem alles durch eine ökonomische Brille betrachtet wird, erscheint uns Zeit als Handelsware, etwas, das man gegen Geld tauschen kann. Das Unnütze wird verdächtig. Wenn man ruht, tut man das auf Kosten des *eigentlichen* Lebens. Sobald man von den guten Seiten des Unnützen redet, wird man darauf hingewiesen, dass das auch eine Ausrede für Faulheit und Trägheit sein kann oder vom schlichten Unwillen zeugt, sich zu verändern. Ich will mich hier aber nicht zugunsten einer allgemeinen Bräsigkeit warmreden, sondern nur für ein menschliches Recht streiten: nicht gezwungen zu sein, seinen Platz und seinen Wert verdienen zu müssen. Das gute Gefühl, etwas geschafft zu haben, gehört genauso zum Leben wie die Tage, an denen man nichts auf die Reihe bekommt. Auch der Geschmack des Nützlichen ist besser, wenn man ihn nicht immer auf der Zunge hat.

Das Unnütze steht nämlich in Verbindung zur Menschenwürde. Wenn man nur zählt, solange man Dinge tut, die zählen, ist man natürlich verloren, sobald die Kräfte schwinden. Ich muss mich immer wieder selbst daran erinnern, wie unglaublich es ist, dass es zu unserem Menschsein gehört, von Gott schon geliebt zu sein, bevor wir etwas Vernünftiges getan haben.

Aus dem so richtig Unnützen entsteht Engagement. Vielleicht ist es ja eine der großen Gaben, die uns die Ruhe beschert, dass sie uns hilft, die richtigen Fragen zu stellen – nicht nur danach, was wir tun sollen, sondern auch danach, warum wir es tun sollen. Die Ruhe hilft uns zu unterscheiden: Was *kann* ich tun und was *soll* ich tun?

~

Geld kann man auch in voller Fahrt zählen. Aber das Lied der Vögel, ein Sonnenaufgang oder zwei ineinandergelegte Hände erreichen uns nur, wenn wir ruhig und ganz anwesend sind.

Kapitel 10

Ich liebe dich. Ich vergebe dir. Das Essen ist fertig.

ES GIBT MEHRERE WICHTIGE GRÜNDE dafür, dass der Sabbat am Abend beginnt und nicht an einem verschlafenen Morgen oder mitten am Tag, wenn unsere Aktivitäten hohe Wellen schlagen. Der Sabbat steht am Ende der Woche und markiert den Wechsel von der Arbeitszeit zur Ruhezeit. Dieser Übergang wird an einer Mahlzeit deutlich. Und das ist nicht irgendeine Mahlzeit. Ihr Schlüsselwort heißt: *zusammen*.

Natürlich isst man dieses Mahl zusammen mit der Familie oder nahen Freunden, aber hier tritt darüber hinaus ein soziales Bewusstsein zutage, das die Tür zum Fest auch für andere Menschen öffnet. Dieses Bewusstsein wiederum basiert auf dem Gedanken, dass zur Familie nicht nur die Menschen gehören, die einem am nächsten stehen, sondern auch die, die die Gemeinschaft einer Familie brauchen.

Mir ist klar, dass ich in der Gefahr stehe, eine Tradition zu romantisieren, in der ich selbst gar nicht aufgewachsen bin. Aber vielleicht kann ich sie ja dadurch auch mit anderen Augen sehen und Folgerungen ziehen, die über ihren jüdischen Ursprung hinausreichen. Das hoffe ich jedenfalls.

Für das Sabbatmahl ist nur das Beste gut genug. Dass man nur das Beste auftischt, bedeutet allerdings nicht, dass es teuer sein muss. Es geht vor allem um die ausgewählten Zutaten und darum, das Essen mit Sorgfalt zuzubereiten. In diesem Sinne ist das Sabbatmahl »spitze«, außerdem ist der Raum schön dekoriert, und alle, die teilnehmen, haben sich festlich angezogen. Die Alltagskleidung hat frei, was man zur Arbeit trägt, wäre unpassend, denn man möchte auch durch die Art, sich zu kleiden, das Gefühl verstärken, dass man in einen anderen Raum eintritt, einen Raum, nach dem man sich gesehnt hat.

Man geht hinein, um die Sabbatkönigin zu treffen, und man tut es in der Gegenwart der Sabbatengel und der Menschen, mit denen man sich an einen Tisch setzt. Das gute Essen will langsam genossen sein, mit genug Zeit, um jeden Bissen zu kosten, und mit Pausen zwischen den Gängen.

AN EINEM FREITAGMITTAG schlendern wir die lange und moderne Jaffa-Straße entlang bis zum Obst- und Gemüsemarkt Mehane Yehuda. Wenn es so etwas wie ein Vorfest zum Sabbat gibt, dann kann man es hier erleben. Der große Markt fließt buchstäblich über von Zitronen, Apfelsinen, Paprika, Nüssen, Datteln, Fisch und Fleisch. Überall steigt einem der starke Duft von Kräutern und Kaffee in die Nase. Da wird gegrillt und geröstet, verkauft und gegessen. Die engen Gassen sind übervoll mit Blumen, Küchenutensilien, süßen Kuchen und dem typischen Brot, das für den anstehenden Festtag gebacken worden ist. Dazu ein Stimmengewirr, dessen Lautstärke jeden schwedischen Supermarkt wie einen Klostergarten wirken lässt. Es wird gerufen, gefeilscht, gescherzt. Der eine Verkäufer übertönt den anderen, und der schafft es, den nächsten zu übertönen. Nirgends eine ruhige Ecke. Das hier ist kein Ort, an dem sich Männer nach der Arbeit treffen, um den Abend mit Kumpeln oder Kollegen zu verbringen. Keine »After work location«. Eher ein »Before home«. Alles zielt auf das, was bald beginnt.

Eine deutliche Bewegung ist zu spüren. Alles zieht einen nach Hause, die einsetzende Dämmerung, die Kerzen, die entzündet werden, die Sabbatsirenen, die ertönen. Ein unsichtbares und unhörbares Zählwerk tickt in der Stadt. Die Minuten verrinnen schnell, wir beschleunigen unseren Schritt. Er führt uns nach Hause, das Licht zieht uns nach innen.

Während wir noch unterwegs sind, stellen die Busse und Straßenbahnen ihren Betrieb ein. Obwohl der Sabbat in diesem Teil von Jerusalem vor allem in den Häusern gefeiert wird, beeinflusst er das Tempo, die Lautstärke und die Bewegungen auf der Straße. Es ist unmöglich, nicht zu bemerken, was hier geschieht.

Der Sabbat beginnt mit dem Entzünden der Kerzen, den Segenssprüchen und dem Essen. Oder sollte man sagen: mit dem Mahl, denn dieses Mahl ist so viel mehr als ein Essen, es ist ein Teil des Zusammenseins, das die Ruhe einleitet und sie zu etwas macht, das alles andere als leer ist.

Der »Sabbatgeist«, der sich, wie man sagt, im Laufe des Sabbats einstellt, ist manchmal als eine besondere Geschmacksknospe beschrieben worden. Ein eigentlich ganz naheliegender Gedanke: In der richtigen Umgebung kann auch das einfachste Gericht ein Genuss sein.

Mit anderen Menschen zu essen, hat etwas Besonderes. Das ist mir aufgegangen, als ich Fotos auf unseren Computern und in alten Alben angeschaut habe: Die meisten zeigen Kinder, die spielen, und Erwachsene, die essen. Wenn wir um einen gedeckten Tisch sitzen, verspüren wir den Impuls, den Augenblick festzuhalten. Dabei zeigt so gut wie keins der Fotos, was wir essen. Es sind die Menschen, das Zusammensein, der besondere Anlass, an den wir uns erinnern wollen. Dass gerade wir zusammen waren, an genau jenem Abend. Wer alleine isst, kommt nicht auf die Idee, einen anderen zu bitten, doch ein Foto von ihm zu machen.

Manchmal frage ich Freunde, die mit uns zu Mittag essen, ob sie mir von einer Mahlzeit erzählen können, die ihnen in Erinnerung geblieben ist. So gut wie jeder erinnert sich an solch eine Mahlzeit. Was auffällt: Fast alle beschreiben einfache Mahlzeiten, bei denen irgendetwas anderes als das Essen unvergesslich blieb. Oft ist es dasselbe wie bei den Fotos: die Freunde, das Zusammensein, der Anlass.

Die Mahlzeit ist im Judentum wichtig, und man nimmt es mit den Details sehr genau. Bei den Speisevorschriften geht es im Tiefsten um die Ehrfurcht vor allem Leben, um den Respekt vor dem Geschaffenen. Zum Judentum gehört eine Lebenseinstellung, die die Küche und den Esstisch genauso betrifft wie die Synagoge.

Schon vor einigen Jahren schrieb Christina Fjellström, Ethnologin und Professorin an der Universität Uppsala, in den »Dagens Nyheter« (einer großen überregionalen schwedischen Zeitung, *Anm. d. Übers.*): »Durch das Teilen der Mahlzeit konstruieren wir Familien und Freundschaften immer wieder neu. Es gibt keine Aktivität, die dieselbe einende Kraft hat und auf ebenso starke Weise Gemeinschaft symbolisiert – und ohne Gemeinschaft gehen wir ein! Genau das ist es aber, was unseren Alten passiert, die in erzwungener Isolation in der Fertigmahlzeit herumstochern, die der Tiefkühlservice gebracht hat und die sie sich in der Mikrowelle warm gemacht haben.«

Die ethnologische Forschung stützt die These, dass wir mehr essen, wenn wir gemeinsam essen, vor allem, wenn wir es mit Freunden und Familie tun, und dass die Abendmahlzeit die wichtigste ist. Am Abend laden wir unsere sozialen Akkus auf und gleichen untereinander ab, was wir erlebt haben und was um uns herum geschieht.

»Beim gemeinsamen Essen bestärken wir uns in unserer Identität und erinnern einander an unsere Zugehörigkeit zur Familie, zur Sippe, zum Freundeskreis«, schreibt Fjellström.

Die Wörter »Compagnon«, »Kumpane« und »Kumpel« kommen vom lateinischen *cum* (mit) und *panis* (Brot) – bezeichnen also jemanden, mit dem man das Brot teilt. In vielen Kulturen ist auch »Familie« so definiert: »die, die zusammen essen«. Es ist nicht leicht, die Evangelien im Neuen Testament zu lesen, ohne Hunger zu bekommen. Denn auch die Geschichten aus der ersten Zeit des christlichen Glaubens durchzieht der Geruch von Feuerstellen und gemeinsamen Mahlzeiten. Die Bibel erzählt wiederholt von Gesprächen, die bewegend waren und ein Leben verändert haben – und die offenbar beim Kauen und Trinken geführt wurden. Mahlzeiten sind wie ein Magnet, der uns zueinander zieht, der uns aus unseren Rollen herauslockt. Deshalb ist es auch so unerfreulich, mit jemandem zu essen, mit dem man Streit hat.

Eine amerikanische Zeitschrift bat einmal ihre Leser, den Satz einzusenden, den sie am liebsten hörten, am meisten brauchten und am tröstlichsten fanden. Tausende schickten ihre Sätze, und ganz oben auf der Liste standen

1. Ich liebe dich.
2. Ich vergebe dir.
3. Das Essen ist fertig.

Ich hörte von dieser Aktion bei einem Vortrag, den der Evangelist und Autor Mark Rutland hielt, und ich weiß immer noch nicht richtig, was an diesem Punkt seiner glänzenden Rede mit mir geschah. Ich weiß nur, dass es mich zutiefst berührte. Rutland verließ sein angekündigtes Thema und sprach stattdessen von Gebrochenheit und von der geistlichen und menschlichen Reife, die nicht von Erfolg zu Erfolg schreitet, sondern den Weg über Wunden und Niederlagen nimmt. Was er sagte, war so spürbar selbst durchlebt und selbst durchlitten, dass niemand sich dagegen abschotten konnte. Auch bei mir brach meine innere Panzerung nach einer Weile auf, und als Rutland zu der Sache mit den Lieblingssätzen der Leser kam, konnte ich meine Tränen nicht mehr zurückhalten. Zum einen erkannte ich darin so viel von meinem eigenen Leben und meinem eigenen Glauben wieder – diese absolute Notwendigkeit, geliebt zu werden und Vergebung zu erlangen, und dann die Verbindung zum Abendmahl, dem Mahl, das im christlichen Glauben genau das ausdrückt: Liebe und Vergebung. Aber es berührte mich auch, dass ein so alltäglicher Satz wie »Das Essen ist fertig« so weit oben rangiert, wenn wir das auflisten sollen, was uns tröstet.

Es wird viel darüber geklagt, dass unsere vielen elektronischen Werk- und Spielzeuge uns zu einem Leben in parallelen Welten führen, dass wir weniger *face to face* miteinander im Gespräch sind. Vielleicht ist ja das Wiederauflebenlassen ganz einfacher Handlungen – sich hinsetzen, zusammen essen und miteinander reden – die einzig mögliche Gegenwehr im Kampf um ein gemeinsames Leben. Ganz simple Sachen, die immer schon der Kitt waren, der Familien- und Freundesbeziehungen zusammenhielt.

Es besteht natürlich ein gewisses Risiko, dass man das hohe Tempo, in dem man lebt, mit an den gedeckten Tisch bringt. Mir ist es schon passiert, dass ich Gäste hatte, mit denen ich den ganzen Abend lang kaum gesprochen habe. Man räumt noch die Küche auf, während sie kommen. Man isst die Vorspeise, und sobald man damit fertig ist, trägt man die Teller hinaus und erledigt die letzten Handgriffe, die noch fehlen, um die Hauptspeise fertigzustellen. Nach dem Essen deckt man ab und kümmert sich um den Kaffee. Und plötzlich merkt man, dass der Abend so gut wie vorbei ist. Schon beginnt jemand, von Aufbruch zu sprechen. Da hat man also zusammen gegessen – aber war es auch ein gemeinsames Mahl? Wohl kaum.

Untersuchungen zeigen, dass die gemeinsamen Mahlzeiten im eigenen Zuhause wirklich vom Aussterben bedroht und ein selten gewordenes Phänomen sind. Das Zuhause wird zu einer Durchgangsstation, die man auf dem Weg von X nach Y eilig durchschreitet, und die beziehungsstärkenden Mahlzeiten mit ihren vielen Funktionen werden zu seltenen »Tankstellenerlebnissen«. Sie waren einmal weit mehr als das. Sie sind und sollten es auch wieder werden: ein bedeutender Teil der Ruhe.

Zu unserem eigenen, etwas »selbst gebastelten« Sabbatritual gehört es, das Essen mit Sorgfalt und in aller Ruhe vorzubereiten. So oft es geht, laden wir unsere Freunde ein, schon am Nachmittag zu kommen, damit wir gemeinsam kochen können. Die Vorstellung, das Essen müsse fertig sein, wenn es an der Tür schellt, ist unsinnig und hindert nur. Das gemeinsame Kochen hilft, einen Gang herunterzuschalten, es wird zu einem Teil der Ruhe und zu einem schönen Erlebnis.

Ist es Zufall, dass »föda« im Schwedischen sowohl »gebären« als auch »ernähren« bedeuten kann? Ein Kind gebären und jemanden ernähren – beides hat damit zu tun, dass man Leben gibt. Und ist es ein Zufall, dass »nära« gleichzeitig »nähren« und »nah« bedeutet? Vielleicht kommt man ja jemandem nahe, indem man ihn nährt, mit ihm isst? Oder muss man ihm nahe sein, um eine Mahlzeit teilen zu wollen? Nach dem Herkunftswörterbuch und Experten, die ich um Rat gefragt habe, haben beide Wörter einen gemeinsamen Ursprung.

Ein Essen für jemanden zu bereiten, ist also eine Liebestat.

Diesen Text von Hanne Kjöller habe ich in »Dagens Nyheter« gefunden, und er lässt mich weiter über Essen und Mahlzeiten nachdenken. Vielleicht ist der Esstisch einer der ganz konkreten Plätze, an denen sich ein verloren gegangener Rhythmus und ein durch Nachlässigkeit entschwundener Geist wiederfinden lassen? Vielleicht ist sogar eine der Lösungen für die wirklich großen Probleme unser Zeit – Einsamkeit und Entwurzelung – nicht weiter entfernt als der nächste Esstisch?

Der Sabbat steht am Ende der Woche und markiert den Wechsel von der Arbeitszeit zur Ruhezeit. Dieser Übergang wird an einer Mahlzeit deutlich. Und das ist nicht irgendeine Mahlzeit. Ihr Schlüsselwort heißt: zusammen.

Kapitel 11

Eine Spiritualität des Zusammenseins

MAN KANN SICH gar nicht genug darüber wundern, was alles geschieht, während man gemeinsam kocht und isst. Die Zutaten, die Hände, die sie zubereiten, die Anwesenheit der guten Freunde – das alles vereint sich in der Wärme einer Speise, die zu einem geradezu sakramentalen Erlebnis wird. Und was dabei gesprochen wird, ist nicht weniger wichtig.

In einer der wenigen Sabbatvorschriften, die sich in der Bibel finden, gibt es eine Bemerkung, die sich genau darauf bezieht: dass man nämlich am Sabbat »kein leeres Geschwätz« reden soll.

> Wenn du deinen Fuß am Sabbat zurückhältst und nicht deinen Geschäften nachgehst an meinem heiligen Tage und den Sabbat »Lust« nennst und den heiligen Tag des HERRN »Geehrt«; wenn du ihn dadurch ehrst, dass du nicht deine Gänge machst und nicht deine Geschäfte treibst und kein leeres Geschwätz redest, dann wirst du deine Lust haben am HERRN
> (Jesaja 58,13.14a).

»Wenn du kein leeres Geschwätz redest …« Nicht nur das *viele* Reden ist also ein Problem. Das *leere* Gerede sollen wir meiden. Es passt dazu, dass der Sabbat uns geschenkt ist, um uns satt zu machen, nicht um Leere zu schaffen. In der Ruhe entsteht der Raum, um Gespräche zu führen, die das Leben vertiefen, vielleicht sogar retten. Die gemeinsame Ruhe schafft einen Ort und eine Geborgenheit, in der wir es wagen können, über Dinge zu reden, über die wir bei einer kurzen Kaffeepause nie reden würden.

Einer meiner besten Freunde benutzt manchmal das englische Wort »intentional«. Es geht darum, sich vor dem Treffen Gedanken zu machen, worüber man mit seinen Freunden reden möchte oder reden sollte. Einerseits widerspricht das der Natur der Freundschaft. Freundschaft will nichts, sie ist einfach da, und sie muss auch nicht ständig besser werden. Freunde nehmen ihre Beziehung so, wie sie ist.

Dennoch: Wir wissen, dass ein Satz, den wir an einem ausgelassenen und lustigen Abend einfach mal »dazwischengeschossen« haben, etwas sehr Gutes bewirkt hat. Sollten wir da nicht kurz mal »intentional« denken dürfen? Eine Absicht hegen? Bei dem Gespräch, das damals folgte – egal, ob es nur ein paar Minuten oder mehrere Stunden dauerte –, hat unsere Freundschaft die Tiefe gewonnen, die sie heute auszeichnet. Wir haben unsere Lebensgeschichten geteilt, unsere Ängste, unsere Verwundungen und unsere Hoffnungen. Wir haben in der gemeinsam erlebten Ruhe die Welt einmal aus den Augen des anderen gesehen. Und ich bin mir sicher: Der Sabbatengel war zugegen.

Im Zusammensein blitzt etwas Göttliches auf, das wir selbst nicht geschaffen haben. Religion ist ein durch und durch soziales Geschehen. Wenn wir das Nizänische Glaubensbekenntnis sprechen, sagen wir: »Wir glauben …«, nicht: »Ich glaube …«. Der eigene Glaube ist etwas, in dem andere mich mittragen – und etwas, das ich anderen als Geschenk weitergebe. Es geschieht an langen Abenden, wenn wir die Teller beiseitegeschoben und die Beine hochgelegt haben und wenn in unser Reden Ruhe gekommen ist, dass ich Gottes Gegenwart am stärksten spüre. Etwas Unbegreifliches, nicht Fassbares.

Der finnlandschwedische Schriftsteller Tito Colliander erweitert die Perspektive und behauptet, dass bei einer Mahlzeit nicht nur der andere anwesend ist, sondern die ganze Natur. Er geht so weit, dass er den Mittagstisch ein Fest nennt, und legt dar, dass eine Mahlzeit, die den Namen Mahl verdient, zugleich eine kosmische Feier ist.

> Beim gemeinsamen Mahl enthüllt sich all das Rätselhafte unseres Seins. Das Feld, auf dem die Saat reift, die Erde, in der sich die Zwiebeln ausstrecken, das Wasser, in dem sich der befruchtete Fischlaich entwickelt, die Säfte und Mineralstoffe des Bodens, die Feldfrüchte und Beeren wachsen lassen. Der scheue Flug der Insekten, die Pollen von Blüte zu Blüte tragen … Tautropfen, die sich lautlos auf Weinberge und Roggenäcker legen. Das Plankton im Wasser, Nahrung der Fische … Luftdruck und Sonnenenergie und kosmische

> Strahlung. Die Mahlzeit ist ein Wunder, das sich wieder und wieder vollzieht.[7]

Beim Tischgespräch ist Gott ganz selbstverständlich zu Gast. Jedes Haus, jede Wohnung wird so zu einem Heiligtum, jeder Esstisch zu einem Altar. Die Mahlzeit ist ein Geheimnis, das Demut hervorruft. Immer wenn wir uns an den Tisch setzen, bekennen wir im Grunde, dass wir keine Götter sind, die in dieser Welt aus eigener Kraft klarkommen. Wir sind weder selbstständig noch selbstgenügend. Wir hängen von so vielen Dingen ab, um selbst leben zu können, vom Leben so vieler anderer Wesen und Prozesse: von der Sonne, der Fotosynthese, von Verwesungsprozessen, von Erde, Wasser, Bienen, Hühnern, Schafen, Kühen, Gärtnern, Metzgern, Köchen, Freunden und vielen, vielen uns unbekannten Menschen.

Die Mahlzeit erinnert uns daran, dass wir Teil einer organisch verbundenen Welt sind, einer Schöpfung, die mehr verdient, als einfach konsumiert zu werden. Sie verdient unsere Aufmerksamkeit, unsere Fürsorge und dass wir sie feiern. Unser Leben lang »fressen« wir uns durch dieses Geheimnis – buchstäblich –, jeden Tag, von Mahlzeit zu Mahlzeit. Wir essen uns satt und werden doch wieder hungrig. Und wir sind immer Abhängige.

DAS MAHL UND das Fest – auf diese beiden Dinge war ich in meiner Begegnung mit dem Judentum besonders gespannt. Und das aus einem bestimmten Grund: Weil man das Heilige genau wie die Sehnsucht nach dem Heiligen einem anderen Menschen ja kaum erklären oder irgendwie »übersetzen« kann, hat die Beschäftigung damit die Tendenz, einen einsam zu machen. Auffällig viel von dem, was über geistliches Leben und spirituelle Vertiefung gesagt und geschrieben wird, ist dazu geeignet, einen aus der Gemeinschaft mit anderen fortzuführen, hinein ins stille Kämmerchen, in kalte, schweigende Räume. Es gibt Menschen, deren Berufung es ist, solch ein einsames, stilles Leben zu führen, aber wir, die große Mehrheit, haben diese Berufung nicht. Woher rührt dann aber die unablässige Betonung von Abgeschiedenheit und Einsamkeit? In den neutestamentlichen Erzählungen von Jesus lesen wir, dass er ständig Leute um sich hatte. Er war in einem fort zu Festessen eingeladen, aß alles und trank alles, redete tage- und nächtelang, mit Gruppen oder zu zweit.

Der Sabbat ist alles andere als eine private religiöse Übung. In seiner ganzen Symbolik geht es darum, etwas zusammenzuführen und zu verketten – mit Gott und mit den Freunden. Man könnte es eine Spiritualität des Zusammenseins nennen. Nicht die für sich selbst gewonnene Zeit ist die Seele des Sabbats, sondern die gemeinsam und mit Gott verbrachte Zeit.

Sara Maitland, Autorin von »A Book of Silence«[8], wählt den Ausdruck »Deipnosophie«, abgeleitet vom griechischen Wort *deipnos*, das »Mittag« bedeutet. Ein Deipnosoph ist jemand, der es liebt und der auch dazu fähig ist, am Mittagstisch Konversation zu treiben. Ihr Buch, das von der Stille spricht, ist eine Art Roadtrip zu den stillen Plätzen dieser Welt. Es ist intelligent, unterhaltend, und es lockt einen an diese Orte.

Maitland erzählt, wie ihr eigenes Leben weit davon entfernt war, dem Klischee eines stillen und einsamen Schriftstellerlebens zu gleichen. Die Siebzigerjahre, wie sie sie erlebte, waren eine Zeit der Schreibgruppen und enger Sozialbeziehungen: »Ich mochte mein lautes Leben. Das viele Reden. Mein ganzes Leben hab ich geredet und geredet. Ich liebe das Reden!« Und dann erzählt sie, dass sie, falls sie jemals ins »Who's Who?« aufgenommen werden sollte, »Deipnosophie« als Hobby angeben werde.

Es gibt eine Verbindung zwischen dem Sabbat und der Deipnosophie. Ich habe nie an einem jüdischen Sabbatmahl teilgenommen, aber nach dem Lesen unzähliger Schilderungen habe ich verstanden, dass es vor allem darum geht, während des Essens Geschichten zu erzählen. So halten die Sabbatmahle die Geschichte des Volks lebendig und geben sie von Generation zu Generation weiter.

Eine Mahlzeit ist die Kunst, Fragen zu stellen und zuzuhören, ein Gespräch voranzubringen und darauf zu achten, dass alle am Tisch in diesem Gespräch vorkommen, auch die Kinder und Jugendlichen.

Der chinesische Philosoph, Schriftsteller, Übersetzer und Erfinder Lin Yutang beschreibt in seinem Buch »Weisheit des lächelnden Lebens«[9] das Gespräch unter Freunden:

> Der richtige Rahmen für ein Gespräch sind Vertrauen und Absichtslosigkeit. Das setzt voraus, dass die Gesprächspartner sich selbst vergessen

haben – wie sie gekleidet sind, wie sie sprechen, wie sie niesen und wie sie die Hände halten – und dass es ihnen gleichgültig ist, welche Wendung das Gespräch nimmt. Ein ganz vertrauliches Gespräch können wir nur führen, wenn wir mit unseren besten Freunden zusammensitzen und bereit sind, unsere Herzen füreinander zu öffnen. Der eine legt die Beine auf den Tisch, der andere sitzt in der Fensternische, und der Dritte macht es sich auf dem Boden bequem und stützt sich auf ein Kissen, das er vom Sofa genommen hat. Denn nur wenn deine Hände und Füße zur Ruhe gekommen sind und dein ganzer Körper ruht, findet auch dein Herz Ruhe.

Mir fiel ein Wort auf, das meine Frau Lotta auf eine Karte geschrieben hatte, die sie zusammen mit einer Blume einer Nachbarin geben wollte, bei der sie zum Essen eingeladen war. »Mit Freude über eine tiefer werdende Freundschaft«, stand da. Der Ausdruck »tiefer werdend« scheint mir bemerkenswert. Eine Freundschaft muss nicht besser und immer besser werden. Wenn sie eine »ganz normale« Freundschaft ist, dann vertieft sie sich, und vermutlich ist sie deshalb so erholsam. Eine tiefer werdende Freundschaft ist gekennzeichnet durch völlige Entspannung, Absichtslosigkeit und Ruhe.

Freunde unterscheiden sich von Bekannten dadurch, dass man alles Mögliche nicht braucht. Man braucht nicht darüber nachzudenken, ob die Wohnung für eine spontane Einladung ordentlich genug ist. Man braucht auch nicht darüber nachzudenken, ob man ihnen beim letzten Besuch genau das gleiche Nudelgericht vorgesetzt hat wie dieses Mal. Man braucht nichts zu bewerten, man braucht nicht einmal unterhaltsam zu sein, wenn man in schlechter Verfassung ist. Mit Freunden kann man ein langweiliges Programm machen, und man hat doch viel Spaß. In der Gesellschaft guter Freunde kann man ein Schläfchen halten, ohne dass sie es unhöflich finden und ohne dass es einem selbst peinlich sein muss. Freunde sind kein Publikum, Freunde sind keine Entertainer. Freunde sind Freunde. Punkt.

Genau deshalb kann Freundschaft eine tiefe Art von Ruhe bedeuten. Und auch hier gilt: Die Dinge geschehen, während man nichts tut. Freundschaft steht nie still. Wenn man entdeckt, wie wertvoll sie ist, möchte man am liebsten noch mehr Menschen zu dieser Freundschaft einladen. Das hat mit Gott zu tun. Freundschaft fließt aus Gottes Herzen, diesem Herzen, das Liebe ist, eine Liebe, die ständig immer noch mehr umfasst.

Dass der Sabbat mit einer Mahlzeit beginnt, hat eine innere Logik. Wie sonst soll man es schaffen, nicht mit all dem weiterzumachen, das man eine ganze Arbeitswoche lang getan hat? Anders gesagt: Wie kann man anfangen aufzuhören?

Der Sabbat schert sich nicht um diese Frage. Er lädt zum Fest. Nun werden andere Sinne angesprochen als die, die im laufenden Betrieb Dienst haben. Jetzt ist das Sinnenhafte dran, ein Fest der Sinne, flüstert die Ruhe. Genuss und Vergnügen, Essen und Trinken, Gesang, Kerzenschein und Zärtlichkeit. Nicht nur, wenn dafür noch genug Zeit und Kraft übrig sind, sondern als Berufung, als Verpflichtung. Der Wechsel von der Arbeit zur Ruhe wird zuerst körperlich spürbar. Darin liegt eine tiefe Weisheit.

Dass das Sinnenhafte in den Sabbatbeschreibungen so viel Raum einnimmt, übertönt alles, was mit Verboten zu tun hat. Die Rabbiner lieben die Geschichte von Mose und dem brennenden Dornbusch. Als Gott sich offenbart, indem er einen ganz gewöhnlichen Busch in Flammen setzt, ohne dass der verbrennt, wird Mose aufgefordert, seine Schuhe auszuziehen. Auf heiligem Grund soll man barfuß gehen. Mit nackten Füßen.

Die Sabbatvorschriften verbieten alles, was unsere Sensibilität dämpft, und bejahen alles, was unsere Sehnsucht nach Nähe und Zärtlichkeit weckt – und plötzlich haben die alten Geschichten unmittelbar mit dieser besonderen Freitagabendstimmung zu tun, mit den Stunden, die beginnen, wenn die Kinder erschöpft auf dem Sofa eingeschlafen sind. Was steht dann der Empfindsamkeit, der Lust und dem Genuss im Weg? Was müssen wir zur Seite legen oder ausschalten, damit Sinnlichkeit erwacht? Das Telefon? Den Computer?

Die Ruhe gibt mir die Chance, in meinem Leben barfuß zu gehen. Hören, halten, schmecken – unser Körper und alle Sinne feiern das Leben. Es steckt eine Weisheit dahinter, dass der Ruhetag vom Abend bis zum Abend geht, sich über eine Nacht erstreckt, einen Morgen und einen Tag. 24 Stunden Ruhe – ein Versteck für die Liebe.

Es geschieht an langen Abenden, wenn wir die Teller beiseitegeschoben und die Beine hochgelegt haben und wenn in unser Reden Ruhe gekommen ist, dass ich Gottes Gegenwart am stärksten spüre.

Kapitel 12

Küchenbankphilosophie

»KÖNNEN WIR DAS nach dem Essen machen?«

Ein Vorschlag, den man sich eigentlich nicht mehr leisten kann. Mit unserem Verhältnis zur Zeit ist nämlich etwas geschehen. Zeit ist ein moderner Luxusartikel geworden, mangelnde Zeit das, was uns am häufigsten bedrückt. Wenn man jemanden fragt, was er sich am meisten wünscht, dann ist das selten irgendein Gegenstand. »Ich habe eigentlich alles, was ich brauche«, ist die übliche Antwort, »aber wenn ich mir etwas wünschen dürfte, dann hätte ich gern ein bisschen mehr Zeit.« Ein Extra-Tag zwischen Dienstag und Mittwoch, ein Bonus-Tag, ein Augenblick, der nicht im Kalender steht. Zeit- und Erlebnis-Geschenke werden immer mehr geschätzt. Wir handeln mit Zeit in Form von Gutscheinen, und ich schließe daraus, dass es an unserem beständigen Auf-die-Zeit-Achten liegt, dass es der Ruhe so schlecht geht. Wie wir über die Zeit denken, ist davon abhängig, wie wir mit ihr umgehen. Ich bewege mich gedanklich zurück zu meinem Vater. Er machte einen Mittagsschlaf, jeden Tag am selben Ort und immer mit Tageszeitung. Die lag wie ein Dach auf seinem Gesicht. Ich habe weiter oben schon einmal behauptet, dass er zu seiner Zeit nicht weniger zu tun hatte als wir heute, aber vermutlich betrachtete er die Zeit auf eine andere Weise. Er ging die Dinge in der Reihenfolge an, wie sie auf ihn zukamen, und was er heute nicht schaffte, musste auf den nächsten Tag warten oder auf den Tag nach dem Feiertag, wenn ein solcher dazwischenkam. Die Gesellschaft, in der er arbeitete und mittags schlief, gibt es aber nicht mehr. Ich kann mich nicht erinnern, dass jemals das Telefon schellte, während wir zu Hause beim Mittagessen saßen, und dass er dann aufgestanden wäre, um den Anruf anzunehmen. Alle aßen zur selben Zeit, zwischen zwölf und eins, und wenn man wirklich jemanden anrufen musste, tat man es nach dem Essen.

Mein Vater hatte Respekt vor der Zeit. Vor seiner eigenen und vor der der anderen. Er hatte außerdem eine Gabe, die ich immer an ihm bewundert habe: alles ruhig anzugehen und immer die Ruhe zu bewahren. »Das wird schon«, war sein Wahlspruch. In Ångermanland gibt es ein Sprichwort: »Mit der Zeit verhält es sich so, als ob man mit dem Schlitten einen vereisten Abhang herunterfährt. Es lohnt sich nicht zu bremsen.« Die Zeit hat sich seit damals nicht geändert, sie geht weiter ihren gewohnten Gang. Aber der Abhang, ist er nicht steiler geworden?

»Zeit ist Geld«, sagte Benjamin Franklin, und wenn er recht hatte, dann gehört die Zeit zu den vielen Dingen, die wir in unserem Leben verbrauchen, also konsumieren. Man neigt dazu, Franklin recht zu geben, wenn man sieht, wie sehr das wirtschaftliche Denken unseren Zeitbegriff geprägt hat. Zeit ist eine Ware geworden, etwas, das man spart, gewinnt, verliert, investiert und zur Verfügung stellt. Aber Franklin hatte auch unrecht. Denn Zeit ist Luft. Und genau wie wir uns zu der Luft verhalten, die uns umgibt, müssen wir uns zur Zeit verhalten.

Die ersten klassischen kapitalistischen Orte entstanden, als die Textilindustrie auf die Wirtschaftskrise antwortete, indem sie Löhne senkte, Arbeitszeiten verlängerte und sie durch eine Uhr kontrollierte, deren Schellen man von Hand auslösen musste. Diese »Werkglocken«, mancherorts auch Sirenen, signalisierten in der Fabrik den Arbeitsbeginn, die Essenspause und den Feierabend. Bis dahin hatten die Arbeitszeiten sich nach der Sonne gerichtet, jetzt wurde die Sonne durch die Glocken und Sirenen ersetzt. Aber anders als die Sonne stand das Signal unter der Kontrolle des Arbeitgebers.

»Dieser Wechsel war so effektvoll, dass es uns heute schier unmöglich ist, uns die Zeit als etwas Geschaffenes vorzustellen. Sie ist für uns etwas Mechanisches, etwas, das ich stückeln, verteilen und messen kann, und deshalb auch etwas, das ich zu beherrschen lernen muss«, schreibt Dan B. Allender in seinem Buch »Sabbath«. Schon in der Frühzeit der industriellen Revolution wurde die Uhr zu dem Werkzeug, das das Leben am effektivsten veränderte. Es entstand ein merklicher Unterschied zwischen der bäuerlichen Gesellschaft mit ihren Jahreszeiten, mit Saat und Ernte, und der präzisen, verwalteten und kontrollierten Zeit der Industriegesellschaft. »Die Uhr, nicht die Dampfmaschine ist der Schlüssel zum Industriezeitalter«, schreibt Juliet Schor in ihrem Buch »The Overworked American«[10]. Und wir wissen, dass die Entwicklung seitdem ein rasantes Tempo angenommen hat.

Wenn man versucht, nach vorne zu schauen, und sich

fragt, was die kommenden 25 Jahre wohl bringen werden, wird es einem schwarz vor Augen. Alles wird sich natürlich weiter hochschrauben. Über die Technik, die uns heute zur Verfügung steht, werden wir lachen, und doch gehöre ich zu denen, die diese Entwicklung spannend finden. Und erfreulich. Richtig angewendet ist Technik etwas, das unser Leben sehr viel einfacher machen kann. Aber man muss natürlich auf der Hut sein. Das Gute ist es, das missbraucht werden kann, nicht das Schlechte. Wenn man nicht zulassen will, dass »die Entwicklung« einen an der Leine herumführt, muss man eigene Strategien ausarbeiten: ein Verhalten finden, das angemessen ist, einen Weg, Verantwortung zu übernehmen für die einzige Zeit, die man wirklich beeinflussen kann, nämlich die eigene.

ZU HAUSE AUF DER KÜCHENBANK liegend habe ich in diesem Frühling einige Thesen und Gedanken gesammelt – ausgeliehene und selbst erdachte –, die alle damit zu tun haben, wie wir über die Zeit denken. Es sind keine Ratgeber-Sätze, eher Orientierungslichter, die wir im Blick behalten sollten. Eine Küchenbankphilosophie in acht Punkten.

1. Wer Zeit hat, gewinnt die Herzen.

Im Original heißt es zwar: »Wer weise ist, gewinnt die Herzen« (Sprüche 11,30, HFA). Aber der Abstand zwischen der Weisheit und der Zeit ist kurz, wenn er überhaupt existiert. Wer weise ist, kann mit seiner Zeit umgehen. Wer weise ist, schenkt seinen Mitmenschen Zeit. Und da Zeit zu *der* Mangelware geworden ist, ist solch ein Mensch heute sehr gefragt. Es ist kein Zufall, dass das chinesische Zeichen für »besetzt« oder »beschäftigt« sich aus zwei Teilen zusammensetzt: Herz und Tod. Wer Zeit hat, gewinnt Herzen, und das erste Herz, das es zu gewinnen gilt, ist das eigene.

2. Es ist wichtiger, sich mit dem zu beschäftigen, was hier passiert, als mit dem, was jetzt passiert.

Zwei Fragen liegen untereinander ständig im Streit um unsere Aufmerksamkeit: »Was ist jetzt los?« und »Was passiert hier?« Dank Computer und Handy bin ich ständig auf dem Laufenden und weiß, was in diesem Moment auf der Welt passiert. Aber es ist nicht sicher, dass ich immer weiß, was in meiner Liebesbeziehung passiert und wie die Stimmung zu Hause gerade ist. Um das zu wissen, muss ich nahe dran sein, hier sein.

Es geht um eine moderne Variante des Jesus-Wortes: Es kann passieren, dass man die Welt gewinnt, aber die Seele verliert. Man soll ja bekanntlich nicht zwei gute Dinge gegeneinander ausspielen, aber ich glaube, manchmal muss man es doch tun. Man muss sich klarmachen, dass die Zeit hier bei uns, in den Häusern, in denen wir wohnen, auf eine andere Zeit vergeht, als sie an Punkten in der elektronischen Welt vergeht.

Tragende Beziehungen können wir nicht mal eben schnell updaten, sie verlangen nach zusammenhängender Zeit. Deshalb müssen wir in einer Gesellschaft wie der unsrigen, in der alles simultan geschieht, hier und da Warnhinweise anbringen. Vielleicht wäre gerade dies ein guter Platz, um ein Schild anzubringen: an der Gabelung, wo man sich zwischen »Hier« und »Jetzt« entscheiden muss. So ein Hinweis könnte uns davor bewahren, Jetzt-Süchtige zu werden.

3. Denke nicht: »Das kostet Zeit«, sondern: »Die Zeit nehm' ich mir!«

Es geht hier um eine tägliche Übung. Unsere Tage sind voller Begegnungen und Situationen, in denen es plötzlich um unsere Zeit geht. »Können wir kurz reden?« »Kannst du mal nach dem Platten an meinem Fahrrad schauen?« »Fährst du mich in die Stadt?« Der damit verbundene Stress entsteht in unserem Kopf. Die Gedanken an all die Dinge, die noch getan werden müssen, machen uns zu einem gestressten Menschen.

Ich weiß, dass es leichter gesagt als getan ist, aber sich immer wieder mal zu sagen: »Ich habe Zeit« oder: »Die Zeit nehm' ich mir«, hat einen erstaunlichen Effekt. Außerdem erledigen sich Dinge oft in wenigen Minuten, wenn man sie sofort in Angriff nimmt. Wenn man erst später darauf zurückkommt und dafür einen Termin ausmacht, vergrößern sich bis dahin oft sowohl das Problem als auch der zeitliche Aufwand, um es zu lösen. Ich versuche an die Zeit zu denken als an etwas, das ich habe. Immer. Ausnahmslos. Das ist nicht ganz wahr, aber es ist eine bessere Halbwahrheit als »Das kostet Zeit.«

4. Alles macht Freude, wenn man genug Zeit dafür hat.

Es hört sich nach einer Binsenweisheit an, aber für mich war dieser Satz eine große Entdeckung und darüber hinaus ein Gedanke, der mir die Kraft zur Ruhe gegeben hat, die Kraft, mich dem Unnützen und anderen wichtigen Dingen zuzuwenden. Bügeln macht Spaß, Putzen ist ganz erfreulich, Rasenmähen ist schön und Rechnungen bezahlen eine nette Beschäftigung. Wenn man Zeit hat. Aber nichts, absolut nichts, macht Spaß oder ist auch nur erträglich, wenn die Zeit dafür fehlt. Noch nicht einmal, wenn man genau das macht, was man machen will.

Es gibt keine nervigen Aufgaben. Dinge unter Zeitdruck machen zu müssen, ist nervig. Vielleicht lässt sich sogar der Zustand des eigenen Lebens daran ablesen, welches Verhältnis man zu den alltäglichen Beschäftigungen hat? Schafft man es, die Nachrichten zu schauen, die Blumen zu gießen, abends eine Kerze anzuzünden und einen Brief zu beantworten, dann hat man genau die Zeit, die man braucht. Die Zeit, die man für die Alltagsdinge hat, ist eine gute Tacho-Anzeige.

5. Lass Zeit deine Währung sein, nicht Geld.

Zeitersparnis ist ein unfehlbares Argument, wenn es um den Einsatz unserer Mittel geht, und manchmal setzen wir verhältnismäßig viel Geld ein, um ganz wenig Zeit zu gewinnen. Wo ist die Zeit eigentlich? All diese Zeit, die wir »gewonnen« haben?

Wenn man die Dinge einmal anders sieht und sich, bevor man etwas kauft, überlegt, wie viel Zeit man schon dadurch gewinnen könnte, dass man auf diesen Kauf und was damit verbunden ist, verzichtet, entdeckt man, dass das manchmal der schlauere Weg ist. Zeit ist nicht Geld. Aber Zeit kann Reichtum bedeuten. Wer viel Geld hat und wenig Zeit, den nennen wir reich. Wer viel Zeit hat und wenig Geld, den nennen wir arm. Verrückt.

6. Lass etwas Luft dazwischen.

»Ich verstehe nicht, warum Leute im Verkehr ihr Leben riskieren, um rechtzeitig zu einer Fernsehserie zu Hause zu sein«, sagte ein Bekannter von uns, der in den Achtzigern ist. Er behauptete, seit er »in dem für mein Alter passenden Tempo« fahre, werde er ständig überholt, und zwar auf wirklich riskante Weise. Vielleicht stimmt ja, was er sagt: Wir jagen, aber wir haben vergessen, warum. Wir gewinnen möglicherweise fünf Minuten hier und fünf Minuten da – aber zu welchem Preis?

Es ist klug, ein bisschen Druck aus dem System zu nehmen. Seine Tage so zu organisieren, dass etwas Luft zwischen den Terminen bleibt. Ein paar Lücken, hier und dort. Oft ist es ein kurzer Moment, in dem man es schafft, eine kommende Begegnung vorauszudenken, oder es sind ein paar Minuten, die alles verändern, weil man in ihnen etwas Geschehenes reflektiert.

7. Gott steht außerhalb der Zeit.

Ein Gedanke, der Hoffnung macht. Im Neuen Testament gibt es zwei Wörter für »Zeit«: *chronos* und *kairos*. Chronos ist die neutrale Zeit: Tage und Nächte, Stunden und Minuten, die verstreichen. Kairos ist Gottes Zeit. Die ewige Zeit. Es kann passieren, dass wir, wenn wir glauben, unsere Zeit sei vorbei, wie von einem Strahl getroffen werden, so wie es die Nonne Thérèse von Lisieux in einem Brief beschreibt, mit dem sie eine besorgte Mitschwester trösten wollte: »Es erscheint mir, als brauche Gott nicht Jahre, um sein Liebeswerk in einer Menschenseele auszuführen. Ein Strahl aus seinem Herzen kann in einem einzigen Augenblick eine Blüte für die Ewigkeit aufgehen lassen.«

8. Die Zeit vergeht nicht. Sie kommt.

Bei diesem Gedanken hat mir Henry David Thoreau geholfen. Nach einer kurzen Laufbahn als Lehrer ließ er sich im Spätsommer 1847 für einige Jahre in der Wildnis am Walden Pond nieder. Dort erforschte er die Natur, saß nach seinem Morgenbad still da – manchmal einen halben Tag lang –, las in der Natur und las in Büchern.

»Teils mit Naturstudien, teils mit dem Studium sorgfältig ausgewählter Literatur, floss sein Leben dahin, arm an augenfälligen Ereignissen, aber sicher nicht an spirituellen Erlebnissen und seelischen Abenteuern«, schreibt Frans G. Bengtsson im Vorwort zu Thoreaus Klassiker »Walden oder Leben in den Wäldern«.

Und jeder Gedanke daran, sein langer Sabbat könne vielleicht doch ein Ausdruck von Faulheit sein – schließlich ging Thoreau keiner Erwerbstätigkeit nach und machte sich auch sonst nichts aus Konventionen –, verschwindet, wenn man irgendwo mitten in seinem Meisterwerk liest: »Ich zog in die Wälder, weil ich bewusst leben, mich nur mit den wesentlichen Dingen des Lebens auseinandersetzen und zusehen wollte, ob ich das nicht lernen konnte, was es mich zu lehren hatte, um nicht auf dem Sterbebett einsehen zu müssen, dass ich nicht gelebt hatte.«

Und etwas später schreibt er: »Die Zeit ist nur ein Fluss, in dem ich fischen will. Ich trinke daraus, aber während ich trinke, sehe ich seinen sandigen Grund und entdecke, wie seicht er ist. Seine schwache Strömung verläuft sich, aber die Ewigkeit bleibt. Ich möchte in tieferen Zügen trinken, meine Angel in den Himmel werfen, dessen Grund mit Sternen übersät ist. So vielen, dass ich sie nicht zählen kann.«

So steht er mit seiner Angel da, und er weiß sich zuletzt keinen anderen Rat, als seine Angel in den Himmel zu werfen. Und da hält die fließende Zeit an. Was tat er dann? Das überlässt er der Fantasie des Lesers. Man ist versucht anzunehmen, dass er selbst in den Fluss stieg und sich der Länge nach hineinlegte, allein schon, weil er einige Seiten zuvor beschreibt, mit welcher Ehrfurcht er sein Morgenbad nimmt.

Die Zeit kommt. So ist es. Und wenn das stimmt, wird das ganze Wörterbuch neu geschrieben: Zu spät muss nicht zu spät sein, eilig ist selten eilig, und Ruhe darf Ruhe bleiben. Und selbst wenn der Abhang steiler und immer steiler wird, gibt es keinen Grund zur Panik. Es kommt neue Zeit. Und nach der wieder neue.

MEINE MUTTER HAT eine lustige Nachbarin. Nachdem die beiden sich eine Weile unterhalten hatten, erzählte sie, wie sie ihren Tag beginnt: »Als Erstes geh ich raus und hole die Zeitung. Noch neben dem Briefkasten überfliege ich die Todesanzeigen, um zu schauen, ob meine dabei ist. Wenn nicht, geh ich rein und koche Kaffee.«

Das ist auch eine Art, sein Verhältnis zur Zeit zu pflegen. Sie ignorieren und seinen Morgenkaffee trinken.

Die Zeit vergeht nicht. Sie kommt.

Kapitel 13

Ruhen und wachsen

Sternchen, eins, drei, eins, Raute. Auf einem kleinen gelben Zettel an der Wand hinter dem Telefon in unserer Küche war viele Jahre lang zu lesen, wohin diese Tastenkombination führte: »Schlafen«, stand da. So leicht zu merken ist der Code zu einem fast vergessenen Abenteuer – dem Mittagsschlaf, diesem edlen Extravergnügen, dieser Abschussrampe zu Höherem und diesem Spaten, der zu Tieferem führt. Den gelben Zettel brauchen wir nicht mehr, er war lange einfach hängen geblieben, aber das Nickerchen wird von Jahr zu Jahr notwendiger.

Es hat was, sich mitten im laufenden Betrieb der Länge nach auszustrecken, die Decke bis unter das Kinn zu ziehen und für einige kurze Minuten abzutauchen und zu entspannen. Umgeben von allem, was man liebt, Menschen und Aufgaben, erklärt man mit einem Nickerchen sich selbst, dass man gerade nicht gebraucht wird. Nicht von der Familie, nicht vom Beruf, nicht von all den Menschen, die es schätzen, wenn man von sich hören lässt, nicht von der Hausarbeit und noch nicht einmal von den eigenen Gedanken. Es ist erlaubt, kurz wegzunicken. Tatsächlich haben mehrere Forschungen ergeben, dass ein kurzer Schlaf mitten am Tag ungefähr eineinhalb Stunden Nachtschlaf entspricht.

Natürlich schafft man es längst nicht immer, ein kleines Schläfchen einzulegen, aber wenn man dazu kommt, entdeckt man schnell, wie gut es tut – sowohl das Einschlafen mitten in allem, was ansteht, als auch das Aufwachen, wieder mittendrin. Weil einem alles Mögliche einfällt, sobald man ruhig daliegt, ist es klug, sich für den Kampf gegen alles, was getan werden muss – jetzt! – mit einigen mentalen Waffen auszurüsten. Meine beste ist der Satz: Ich kann es mir gar nicht leisten, nicht hier zu liegen.

MANCHMAL KOMMT ES vor, dass man im Körper zu fühlen meint, was in der Seele geschieht, während man ruht: wie man sich streckt und reckt und irgendwie als Mensch wächst. Ich habe schon erlebt, dass ich über einem Problem eingeschlafen und mit einer Lösung aufgewacht bin. Ähnliches passiert mir manchmal, wenn ich meinen Schreibtisch verlasse, an dem ich mich mit einem Text abmühe, und eine Weile den Reitpfad im nahen Wald entlangspaziere. Es ist, als zögen die körperlichen Veränderungen zugleich neue Denk- und Gefühlsregister.

Forschungen haben bestätigt, was Eltern aller Generationen immer schon wussten: dass Kinder und Jugendliche wachsen, während sie schlafen. Das gilt auch für die Muskeln Erwachsener. Sie entwickeln sich nicht, während man Sport treibt, sondern in den Trainingspausen, wenn sie entspannt sind. Und es gilt auch für das seelische Vermögen: Wenn man nicht ruht, verringern sich die Möglichkeiten zur Vertiefung und Reife. Deshalb gehört die Ruhe zu den Dingen, für die wir Verantwortung tragen.

Eigentlich wissen wir das alles seit mehreren tausend

Jahren. Einer der Bibeltexte, auf die man sich stützen kann, findet sich im Buch der Psalmen: »Es ist umsonst, dass ihr früh aufsteht und hernach lange sitzet und esset euer Brot mit Sorgen; denn seinen Freunden gibt er es im Schlaf« (Psalm 127,2).

Das gilt nicht nur für den langen zusammenhängenden Nachtschlaf, sondern auch für die kurze Pause, die so viele Namen hat: »Nickerchen«, »Mittagsschlaf«, »Schläfchen«, »Schlummer« … Die Forschung hat gezeigt, dass einiges, was beim nächtlichen Schlaf beobachtet wird, auch geschieht, wenn wir tagträumen, uns entspannen, für einen Moment die Konzentration verlieren und unserer Fantasie freien Raum lassen. Von außen betrachtet, sind wir dann einen Moment lang weniger produktiv, aber in unserem Unbewussten setzt eine Aktivität ein, über die wir keine Kontrolle haben. Wir können nur zulassen, was da passiert. Unsere Einwilligung ist das Ja zur Ruhe.

Das Schlüsselwort im oben zitierten Psalmvers ist weder »früh« noch »lange«, auch nicht »Brot« oder »Sorgen«. Es ist das Wort »gibt« in der Behauptung, dass Gott seinen Freunden *gibt*, während sie schlafen. Im aktiven Leben macht man sich leicht vor, dass man nur das bekommt, was man sich nimmt, und deshalb hat man auch nur das, was man selbst erworben hat. Man muss aber nicht lange nachdenken, um zu begreifen, dass vieles, was im Leben wichtig ist, eher zu uns kommt, als dass wir es zu uns holen. Vielleicht sogar das meiste.

Zu den tiefen spirituellen Weisheiten nicht nur der christlichen, sondern auch anderer Religionen gehört die Einsicht, dass ein Teil dessen, was der Mensch braucht, nur aus der Ruhe heraus zugänglich ist. Man kann es sich nicht nehmen, man kann es nur bekommen.

Im Lichte dessen könnte man den Sabbat ein Sakrament nennen. Die Ruhe ist eine unsichtbare Gnade, etwas, das sich in Alltagsweisheiten niedergeschlagen hat, wie »Ich werde noch mal drüber schlafen« oder »Lass einfach los!«. Das Wurzelwerk dieses Denkens ist reich verästelt. Da lässt sich Nahrung und Inspiration aus ganz verschiedenen Quellen ziehen, aus Ethik, Moral, Verantwortungsbewusstsein, Zärtlichkeit, Wertschätzung oder auch einfach aus purem Vergnügen. »In der Ruhe pulsiert das Leben«, sagt dazu der Autor und Karmelitermönch Winfried Stinnisen.

Ich glaube, dass die Seele ihr eigenes Wurzelwerk hat und dass es manchmal ruhig um einen werden muss, damit die Wurzelstränge eine Chance bekommen, in die Tiefe zu wachsen, bis dorthin, wo die stillen Quellen sind. Wenn alles nur so vorbeirauscht, ist das Risiko groß, dass man sich nicht richtig verwurzelt. Wenn ich das nicht begreife, sondern weiter durch mein Leben haste, ohne mir Zeit zum Innehalten und Nachdenken zu lassen, scheint das Leben manchmal selbst einzugreifen: Die Kraft erlahmt, der Energiefluss versiegt. Alles vertrocknet. Und dann entdecke ich, dass auch die farblosen, dumpfen Tage notwendig sind. Für das Leben und für die Liebe.

»Solche Tage müssen kommen«, schrieb der Bischof und Dichter Nils Bolanger (1902–1959) und beschrieb die dumpfen Tage als Tage ohne Horizont, ohne Raum, ohne Klang und außerdem von einem mausfarbenen Grau. Wenn es »trocken« wird, rufe ich mir seine Worte in Erinnerung: »Solche Tage müssen kommen«, wie der Herbst und der Frost und die Steuerformulare.

Aber ich sage mir auch immer wieder – mit geradezu idiotischer Sturheit –, dass solche Tage nicht unbedingt misslungene Tage sein müssen. Sie gehören dazu. Sie dienen einem wichtigen Ziel, auch wenn man sie am liebsten schwänzen würde. Es gibt nämlich etwas, das die Gedanken an den kraftlosen Tagen ausfüllt. Ich möchte behaupten, dass man sich genau an diesen Tagen die ganz ernsten Fragen des Lebens stellt. Fragen nach Sinn und Ziel, die man sich nicht stellt, wenn alles problemlos läuft.

Natürlich ist es wunderbar, wenn alles nur so fließt, wenn man »im Flow ist«, wie es jetzt heißt. Man hört aber dem Wort selbst schon an, dass auch dann, wenn alles gut läuft und leicht vorangeht, die Bewegung von außen kommt. Man kommt voran wie ein Rindenschiffchen, das von der Strömung mitgeführt wird. Die müden Tage sind weit anstrengender.

Ohne die Müdigkeit romantisieren zu wollen – für manche Menschen ist sie ein täglicher Gegner: Es scheinen genau diese Tage zu sein, an denen wir wachsen. Ich denke dabei nicht an eine krankhafte Müdigkeit, sondern an die Müdigkeit, die sich einstellt, wenn man über seine Verhältnisse gelebt hat, körperlich wie seelisch, und dann gebremst wird. Wenn ich mich ärgere, dass ich einen ganzen Tag lang nichts Vernünftiges getan habe, dann tröste ich mich mit dem Gedanken, dass der Tag etwas mit mir getan hat und deshalb kein verlorener Tag war.

WENN MAN AUF der Küchenbank liegt, ist es unklug, seine Gedanken zu all den Menschen aus der eigenen Umgebung wandern zu lassen, die so wahnsinnig viel leisten, dass man sich überhaupt nicht vorstellen kann, wie sie das schaffen. Man soll sich nicht mit anderen vergleichen, heißt es ja immer. Das Problem ist nur, dass man es trotzdem tut, und zwar ständig.

Ich versuche mir dann einzureden, dass die, die so übertrieben effektiv sind, ein anstrengenderes Leben führen als ich. Oder dass sie demnächst merken werden, wie anstrengend ihr Leben ist. Nicht, dass ich ihnen auch nur einen Augenblick ihren »Drive« missgönnen würde, sondern nur, um mich selbst zu überzeugen, dass Menschen wie sie die Ausnahme von der Regel bilden, nicht Menschen wie ich. Die allermeisten Menschen sind ziemlich müde und schaffen deutlich weniger, als sie gern schaffen würden. Man muss sich überlegen, von welchen Bildern und Vorbildern man sich inspirieren lassen will.

Ich schreibe diese Zeilen am 27. Juni, dem Siebenschläfertag. Das Wort »Siebenschläfer« soll von den sieben frommen Männern kommen, die während der Christenverfolgung unter Kaiser Decius im Jahr 251 in so tiefen Schlaf fielen, dass sie erst zweihundert Jahre später wieder aufwachten, als die Gefahr vorüber war.

Der Siebenschläfer ist auch ein Tier, eine Art Maus mit Eichhörnchenschwanz. Er ist nachtaktiv, geht es aber aufs ganze Jahr betrachtet sehr ruhig an: Vom Herbst bis zum Frühjahr schläft er und lässt sich auch nicht durch den Gedanken an seine kurze Lebenserwartung von nur vier oder fünf Jahren stressen.

Während ich auf der Küchenbank liege, lasse ich mich von Bildern aus der Natur um mich her inspirieren. Statt einen Minderwertigkeitskomplex zu entwickeln, indem ich an die denke, die unaufhörlich Sport treiben, forschen und Doktorarbeiten schreiben, finde ich Ruhe bei dem Gedanken, dass ich auch mit vielen anderen Lebewesen verwandt bin, wie der Haselmaus, dem Igel und dem Murmeltier. Der Igel schläft übrigens ungefähr achtzehn Stunden am Tag. Wenn er nicht gerade Winterschlaf macht. Da wundert es einen nicht, dass ein Kopfkissenbezug bei IKEA »Dvala« (»Winterschlaf« oder »Halbschlaf«) heißt.

In der Natur, die uns umgibt, ist der Winterschlaf ein weitverbreitetes Phänomen. Wayne Muller schreibt in seinem Buch »Sabbath«[11], was unsichtbar geschieht, während die Stauden in seinem Garten in einer Art Winterschlaf ruhen. »Wenn Kälte oder Trockenheit sie bedrängen, nehmen diese Pflanzen keine Signale der äußeren Umgebung mehr auf, sondern wenden sich nach innen und lassen sich von einem eigenen, inneren Rhythmus leiten.«

Muller unterscheidet zwei Phasen im »Schlaf« der Pflanzen: *quiesence* und *rest*. Das erste Wort ist auch im Englischen eine Neuerfindung, zusammengesetzt aus *quiet* und *essence*, und wir haben für beides nur das Wort »Ruhe«. Ich habe deshalb meinen Sohn angerufen, der Gärtner ist, und ihn um Hilfe gebeten. Meine Frage führte zu einem spannenden Gespräch über Pflanzen und Menschen. Da er sich Tag für Tag ausgerechnet mit Stauden beschäftigt, also mehrjährigen Gartenpflanzen, weiß er zu diesem Thema eine ganze Menge, unter anderem, dass Stauden, im Unterschied zu Menschen, Vögeln und anderen Tieren ein Leben lang an einem Ort festgewachsen sind. Sie können nicht umziehen oder weglaufen, wenn die Lebensbedingungen zu schwierig werden. Sie können eigentlich nur zwei Dinge tun: sich anpassen oder eingehen. Die Pflanzen wählen das Erstere und machen deshalb eine Art Winterschlaf. In der jährlichen Ruheperiode, in die sie versetzt werden oder sich selbst versetzen, sind sie stressresistent. Die Winterruhe ist vor allem ein Festigungsprozess. Wenn mehrjährige Pflanzen, Büsche und Bäume in die Ruheperiode eintreten, sagt der Gärtner, dass sie »abreifen«, erzählt mein Sohn, d.h. sie machen eine Pause im Reifeprozess, damit in ihren Zellwänden Lignin gebildet werden kann, ein Stoff, der die Verholzung der Zelle bewirkt und so die Pflanze stabil macht. Eine Schutzmaßnahme.

»Abreifung ist doch bestimmt ein Wort, das dir gefällt«, sagt mein Sohn. Sein Tonfall verrät, dass er meine Absicht verstanden hat. Ich bin auf der Suche nach spirituellen Analogien, nach einem botanischen Gleichnis. Aber die Moral von der Geschicht' liegt sowieso schon auf der Hand: Von außen betrachtet kann die Winterruhe wie eine Ertragsminderung aussehen, man darf aber nicht vergessen, dass sie zu einem Lebensrhythmus gehört, der langfristiges, nachhaltiges Wachstum möglich macht.

Zusammenfassend kann man also sagen, dass die Winterruhe die Stärke und Festigkeit der Pflanze erhöht. Das klingt nun geradezu biblisch. Die Ruhe ist ein erprobter Weg, der wegführt von der Steuerung durch äußere Stimuli und Anforderungen und hinführt zur Einübung einer uralten Lebenskunst. Anders gesagt: Abschalten, sich auf sich zurückziehen und weniger tun ist vielleicht der einzige gangbare Weg, wenn man ein Mensch werden will, der nicht nur nach der Pfeife anderer Leute tanzt oder seinem schlechten Gewissen folgt. Wer ruht, entwickelt ein Gehör für die schwachen Signale, die aus seinem Inneren kommen.

Nicht nur für Pflanzen ist solche Ruhe lebensrettend. Der »Winterschläfer« lässt sich nicht von einem plötzlichen, aber nur kurz anhaltenden warmen Luftstrom nach draußen locken, sondern wird von einer inneren Uhr gesteuert, die bewirkt, dass er nicht nach draußen schaut, bevor nicht die richtige Zeit da ist. Ohne Rücksicht auf Trends und Konjunkturen.

ICH BLEIBE BEI den Vorgängen in der Natur und stelle fest, dass ich bei meiner Suche nach Sinnbildern für inneres Wachstum in guter Gesellschaft bin. Es ist auffallend, wie viele der Bilder, die Jesus verwendete, wenn er zu den Menschen sprach, der Natur entnommen sind, die ihm gerade vor Augen war.

Jesus verlor nie den Blick für das, was ihn unmittelbar umgab. Er beugte sich nieder, nahm, was er auf dem Boden fand, oder kritzelte etwas in den Sand, sah auf und sagte: So ist das. Auf diese Weise machte er Geistliches dem leicht zugänglich, der selbst nah an der Natur lebte. Dem, der nicht gerne Erde unter den Fingernägeln hatte, erschloss es sich etwas schwerer. Vielleicht löst ein Waldspaziergang deshalb manches, was eine hitzige Diskussion nicht lösen kann?

Ein Samenkorn kann man ganz schnell zum Keimen

bringen, indem man es auf ein Stück feuchtes Küchenkrepp ans Fenster legt und noch etwas Wasser darauf träufelt. Viele Samen beginnen so innerhalb weniger Stunden zu keimen. Aber wenn die Saat auf lange Sicht ihr volles Potenzial ausschöpfen soll, muss der Same hinab in die dunkle Erde. Kurz nachdem das Samenkorn in die Erde gelangt ist, beginnt nämlich das Wachstum ganz dünner Keimwurzeln. Mit bloßem Auge kann man sie nicht sehen, aber sie sind dennoch da. Wegen dieser zwirnsfadendünnen Wurzeln ist es sehr wichtig, dass man nicht zu früh nachschaut, ob das Korn keimt. Wenn man das Wachstum zu kontrollieren versucht, schadet man der Pflanze und stört das beginnende Leben.

Das geistliche Leben beginnt, wenn man sein Leben wie ein Samenkorn in Gottes riesigen Acker legt. Und es setzt sein Wachstum fort, wenn man in diesem Acker bleibt. Vielleicht vertieft sich unser geistliches Leben während der dunklen Zeiten am meisten – nach schmerzlichen Verlusten, wenn wir gescheitert sind und grübeln.

Schmerz und Leid haben keinen Wert an sich und sollen natürlich niemals absichtlich gesucht werden, aber wenn sie in einem Leben plötzlich da sind, ist es klug, nicht zu fliehen, sondern sich im Ruhen Gott zu überlassen. Wie es weitergeht, steht in seiner Hand.

Auch wenn nichts Sichtbares vor sich zu gehen scheint, so geschieht doch etwas im Dunkeln. Das Gottesbild vertieft sich, der Glaube wird mehr und mehr zur Liebe, Gott wird zu einer Frage auf Leben und Tod.

Ich weiß sehr gut, dass einem der Preis für diesen Reifungsprozess unerhört hoch erscheinen kann, aber

Schmerz ist nichts, das man wählen oder abwählen kann. Man kann nur wählen, wie man sich zu ihm verhalten will. Wir brauchen die stillen, schwarzen Nächte. Jeder Rhythmus in der Natur beruht auf dem Wechsel von Licht und Dunkelheit, Tag und Nacht.

Wenn die Saat in den Boden gelangt ist, beginnt eine Zeit der Ruhe, und deshalb ist *Warten* ein Grundwort des geistlichen Lebens genau wie jeder Liebe. Eines der schönsten Geschenke, die man einem Lebensgefährten machen kann, egal, ob einem alt gewordenen Elternteil oder einem Kind, ist, auf diese Person zu warten – in allen Wechselfällen, bei allen Aufs und Abs des Lebens. Gib dem anderen das Recht, langsam zu gehen. Es lohnt sich nicht, eine Pflanze zur Eile anzutreiben.

Elvis Presley wusste das. Viele hundert Male sang er sein Lied »Wise man say, only fools rush in …«. Wenn es darum geht, eine wichtige Entscheidung zu treffen, ist die Eile wahrscheinlich unser schlimmster Feind. Es gibt Fragen, deren Antwort man nicht eben mal schnell googeln kann, die eher Weisheit verlangen als Wissen. Mit einer Entscheidung zu warten, ist manchmal die klügste Entscheidung. Wenn ich meine Mutter um Rat fragte, sagte sie, sie könne nicht gleich antworten, sie müsse erst einmal ein paar Tage darüber nachdenken. Das kann ein bisschen sonderbar klingen, aber komplizierte Fragen verlangen Zeit. Zeit, noch eine Runde zu drehen, das Für und Wider zu erwägen, die Konsequenzen der verschiedenen Alternativen zu überdenken, bis man mit einer der möglichen Entscheidungen Frieden schließt.

Genau wie der Acker braucht auch ein Mensch seine Zeit. Jesus erzählt in einem Gleichnis von einem Sämann, der ausgesät hat und dann »schläft und aufsteht, Nacht und Tag …« Die Fortsetzung ist sowohl beruhigend als auch wegweisend: »… und der Same geht auf und wächst – er weiß nicht wie. Denn von selbst bringt die Erde Frucht, zuerst den Halm, danach die Ähre, danach den vollen Weizen in der Ähre« (Markus 4,27.28).

Es steckt fast etwas Langweiliges, Monotones darin, wovor viele von uns eine Heidenangst haben, weil doch ständig irgendetwas los sein muss. Ungeduld ist der Feind des geistlichen Lebens. Im geistlichen Leben geht es manchmal um dramatische und gefühlvolle Erlebnisse, aber wenn man sie aus dem größeren Zusammenhang reißt, ist es, als ließe man Samenkörner auf der Fensterbank keimen. Das neue Leben braucht stilles Wachstum im Verborgenen, eine Zeit, in der sich die zarten Keimwurzeln entwickeln können: Innigkeit, Vertrauen, Bescheidenheit. Das geschieht ohne Lärm und großes Aufsehen, aber es ist auf lange Sicht tragfähig.

Ich frage mich, ob es bei dieser »Monotonie« nicht um die ganz bekannten Dinge geht: weiter in den Gottesdienst gehen, das Abendmahl feiern, im Vielerlei von diesem und jenem Zeiten finden, in denen man sein Herz mit Gottes Herz in Einklang bringen und den inneren Kompass neu ausrichten kann, sich regelmäßig Zeit für gute Lektüre nehmen. Aus alledem wird eine Ruhe geboren, die, wie ich glaube, eines der großen Geschenke geistlichen Lebens ist, ganz besonders in einer so gehetzten und effizienzorientierten Gesellschaft wie unserer. Was soll man tun, um Gott zu finden? Die Antwort heißt: so wenig wie möglich. Am besten gar nichts. Als Jesus das in einer dunklen Nacht einem suchenden Nikodemus erklären soll, sagt er, dass es eigentlich nicht geht. Man kann sich nicht retten. Man kann nur gerettet werden, von einem anderen. »Du musst von Neuem geboren werden« (Johannes 3,3). Von dem Prozess der geistlichen Geburt wird man erfasst, es sind andere Kräfte als die eigenen, die hier wirken. Man muss es nur geschehen lassen. Und genau deshalb ist es so schwierig. Wir sind eben gewohnt, immer irgendetwas zu tun.

Wenn man sein Leben in den guten Boden legt, muss man sich über das Wachsen keine Gedanken machen. Das geschieht, wie Jesus sagt, ganz von allein. Und deshalb ist es auch nicht sinnvoll, das geistliche Wachstum zu schnell oder zu oft auswerten zu wollen. Der Rat geistlicher Lehrer heißt unisono: Lass es sein, wie es ist. Lass es ruhen. Genau deshalb wird die Ruhe in der jüdischen Tradition als ein Glaubensbekenntnis betrachtet: Ich ruhe, denn es sind nicht meine Anstrengungen, die dem Leben Tiefe geben.

~

Wenn die Saat in den Boden gelangt ist, beginnt eine Zeit der Ruhe, und deshalb ist Warten ein Grundwort des geistlichen Lebens genau wie jeder Liebe.

Kapitel 14

Es geschieht, während du nichts tust

ES WAR SYMPTOMATISCH und kein Zufall, dass es so begann, wie es begann. Seit Langem schon hatte ich einen Besuch bei Sr. Sofie im St.-Dominikus-Kloster Rögle in der Nähe von Lund verabredet. Ich hatte ihr Buch »Wenn ich dich vergäße, Jerusalem« gelesen und dabei den starken Wunsch verspürt, dieser Nonne persönlich zu begegnen und mit ihr über Jerusalem, den Sabbat und die Ruhe zu sprechen. Auf meine Anfrage reagierte sie spontan mit einer Einladung. Wir machten einen Termin aus: nach unserer Israelreise und vor meiner längeren Auszeit.

Die Schwester dachte mit. Als ihr auffiel, dass ich mit dem Auto die lange Strecke von Göteborg anreisen würde, schickte sie eine Mail und fragte mich, ob ich nicht ein Zimmer beziehen und zwischen dem Mittagessen und unserem Gespräch ein bisschen ruhen wollte. Ich antwortete ihr umgehend: »Das ist nicht nötig.« Und das, obwohl ich nun wirklich zu denen gehöre, die sehr gerne einen Mittagsschlaf machen.

Wie komme ich zu dieser Antwort? Sie muss von irgendeiner mir unbewussten Stelle herrühren, die leugnet, dass ich Ruhe brauche. Ich denke Ja und antworte Nein.

Dabei habe ich es doch inzwischen zu schätzen gelernt, die Dinge manchmal etwas ruhiger anzugehen und die Jagd sein zu lassen – und das sollte erst recht gelten, wenn ich Gast in einem Kloster bin! Trotzdem antworte ich so. »Das ist nicht nötig.« Auf geradezu entlarvende Weise liefere ich den Beleg zu meiner eigenen These: Es ist peinlich zuzugeben, dass man gerne ein bisschen ruht. Stattdessen schreibe ich: »Ich komme zum Mittagessen und bin danach sofort startklar für unser Gespräch.«

ICH WACHTE FRÜH am Morgen auf und fand mein Zuhause vollkommen in Nebel gehüllt, einen Nebel, der erst nachließ, als ich die Autobahn viele Kilometer später verließ und mich dem Kloster näherte. Sr. Sofie kam mir schon entgegen. Es erwies sich, dass sie mit dem Bild, das man sich beim Lesen ihrer Bücher von ihr macht, vollkommen übereinstimmt, besonders, wenn man an das Buch denkt, in dem sie ihr Sabbatjahr in Israel beschreibt.

Das ist eins der Bücher, die ich wahrscheinlich nennen würde, wenn mir eine Tageszeitung die berühmte Frage stellte: »Welches Buch würden Sie auf eine einsame Insel mitnehmen?« Ich habe dieses Buch mehrmals gelesen und möchte es nicht mehr missen. Es ist gut und mit leichter Feder geschrieben, sodass man manchmal meint, der Text würde tanzen, dazu ist es gespickt mit Wissen – alles in allem ein Buch, bei dem man eine Menge lernt, ohne es zu merken.

Wir setzen uns in die Klosterbibliothek, und ich bitte sie, mir zu erzählen, wie es zu diesem Buch kam. Und ohne dass sie weiß, worüber ich selbst gerade schreibe, bestätigt ihre Geschichte voll und ganz meine Hypothese: Aus der tiefsten Müdigkeit kann etwas Neues und Unerwartetes entstehen. Dinge geschehen, während wir nichts tun.

Sr. Sofie kam im Herbst 2006 nach Jerusalem. Sie war erschöpft und ausgebrannt – und sie hatte auch gar nicht darum gebeten, nach Israel zu reisen. Es war die Generalpriorin ihres Ordens in Frankreich, die ihr die Reise zu ihrer Erholung vorschlug. Sie selbst war viel zu müde, um zu wissen, was sie eigentlich wollte. In ihrem Buch schreibt sie:

> Wenn man sich zerschlagen und verbraucht fühlt, verschlissen und leer, dann erfüllt man normalerweise nicht gerade die Voraussetzungen, um eine große Reise anzutreten. Trotzdem kann es richtig sein. Wie leblos auf den Altar gelegt zu werden, ist eine Ausgangslage, die für Unvorhergesehenes offen macht, wenn man sie denn akzeptiert. Jetzt ist es Gott und nur Gott, der am Werk ist. Eigene, im Vorhinein ausgearbeitete Pläne zählen nicht, und es gibt keinen Touristenbus, der die übliche Runde fährt. Statt eine Sehenswürdigkeit nach der anderen abzuklappern, alle für mich ausgestellt wie im Schaufenster, exponiert für meine Kameralinse, fühle ich mich selbst exponiert, hineingenommen in einen Prozess und schlussendlich verwandelt.

Das war die Ausgangslage. Keine Ambitionen und ein denkbar schlechter Zustand. Sr. Sofie erzählt mir, dass sie sich vor ihrer Reise eigentlich einiges zum theologischen Selbststudium vorgenommen hatte, dann aber auf das Buch einer Jüdin stieß, die Christin wurde, nach Jerusalem zog und dort ihre jüdischen Wurzeln wiederentdeckte.

»Ihre Geschichte hat mich gepackt«, sagt sie. Das Buch weckte in ihr die Sehnsucht, dem jüdischen Volk näherzukommen, und diese Sehnsucht war der Schlüssel zu all dem, was noch geschehen sollte. Sobald sie in Jerusalem war, begann Sr. Sofie nach Synagogen und anderen jüdischen Orten zu suchen.

»Ich gab mir Mühe; die Kontakte ergaben sich nicht einfach so. Es ist ja immer schwierig, Zugang zu einem fremden Milieu zu finden, da gibt es Schwellen, die man überwinden muss. Aber ich glaube, wenn man etwas wirklich will, wenn man sich nach einer bestimmten Sache wirklich sehnt, dann passiert etwas. Dann ergeben sich die Dinge, dann führt eins zum anderen.«

Sr. Sofie fand ein französisches katholisches Institut, in dem der Talmud gelehrt wurde, die größte jüdische Schriftsammlung aus nachbiblischer Zeit. Sie belegte einige Kurse, und durch die Begegnung mit den Lehrern und Studierenden erschlossen sich ihr viele Zusammenhänge.

»In meinen ersten Jerusalemer Wochen, als ich noch bei den Zionsschwestern von ›Ecce Homo‹ wohnte, war die Ruhe das Wichtigste«, sagt sie und erzählt, wie sie sich von dem Gedanken verabschiedete, in ihrem Zustand könnte diese ganze Reise ein Fehler gewesen sein.

»Die anderen machten Ausflüge, und ich lag nur auf meinem Bett. Ich schaffte es bestenfalls einmal zur Klagemauer und wieder zurück; mehr war nicht drin.«

Doch dann erreichte sie unerwartet die Anfrage der Zeitschrift »Pilgrim«, ob sie nicht einen Beitrag schreiben könne. Zu ihrer eigenen Überraschung versprach sie, es zu tun.

»Ich merkte schnell, dass es mir besser ging und ich munterer wurde, wenn ich schrieb«, sagt sie.

In ihrem Text ging es um Anfechtungen. Sie muss grinsen, als sie mir das erzählt. In ihrem Artikel heißt es: »In Zeiten, in denen einen alles im Stich lässt und man sich wie zerbrochen fühlt, kann Gott Wirklichkeit werden.«

»Ich merkte, wie gut mir das Schreiben tat. Ich begann, an verschiedenen Orten in Israel Veranstaltungen zu besuchen, davon zu berichten und die Texte dem ›Katolsk Magasin‹ zu schicken – das sie prompt veröffentlichte.«

Und da, in der tiefsten Kraftlosigkeit, passierte etwas. Sie begann zu schreiben. Sie hatte auch früher schon geschrieben, aber nicht so wie jetzt. Das hier war etwas anderes.

Die Priorin des Klosters Rögle, Sr. Else-Marie, las ihre Texte und schrieb ihr nach Jerusalem: »Ich glaube, du hast eine Sprache gefunden.« So entstand eine ganze Reihe von Artikeln und anderer Texte, die auf große positive Resonanz stießen. Schließlich kamen mehrere Menschen mit der Idee auf sie zu, ob sie nicht vielleicht ein ganzes Buch schreiben könnte. Eine von denen, die fragten, war Sr. Else-Marie.

DER TAG, AN dem ich das Kloster in Rögle besuche, ist der Welttag der Stimme, und im Radio wird Musik mit den eigentümlichsten Stimmen gespielt. Es ist kein Zufall, dass wir uns gerade jetzt treffen. Sofie hat eine ganz eigene Stimme, leicht und tief.

Von Jerusalem heimgekehrt schrieb sie das Buch »Wenn ich dich vergäße, Jerusalem«. Das nahm ein Jahr in Anspruch.

»Ich war so glücklich, als ich es schrieb!«, sagt sie und nennt es ihr erstes »richtiges« Buch. Sie folgt darin dem jüdischen Kalender, von Feiertag zu Feiertag, von Fest zu Fest. Ich merke mir, dass sie das Wort »Flow« benutzt, als sie von ihrer Schreib-Zeit spricht.

Wir unterhalten uns eine Weile darüber, dass ihr Buch aus einer großen Müdigkeit heraus entstanden ist, und das, obwohl sie sich selbst früher als »eine von diesen Supereffektiven« beschrieben hätte.

Das für mich Interessanteste erfahre ich dann ganz nebenbei. Sr. Sofie erzählt mir nämlich, dass sie schon seit Jahren daran gedacht hatte, mehr zu schreiben, diesen Wunsch aber immer damit abgetan hatte, »dass ich ohnehin keine Zeit dafür finde«. Das Supereffektive stand offenbar dem Eigentlichen im Weg. Sicherlich waren es lauter wichtige und richtige Sachen, mit denen sie beschäftigt war, aber wenn man ihre Bücher liest, begegnet man einem Menschen, der in seinem Element ist. War das vorher auch so, als sie noch versuchte, alle Anforderungen zu erfüllen? Oder wurde es erst möglich, als sie losließ und den Kampf aufgab?

»Als ich gezwungen war anzuhalten«, erzählt sie weiter, »entstand eine neue Art der Kreativität, eine Folge von Tätigkeiten, die mir etwas gaben, statt nur von mir zu fordern, bis ich leer war. Und das Schreiben, das jetzt in mein Leben kam, fühlt sich viel ‚fruchtbarer' an als alles, was ich vorher getan habe.«

»Wenn ich dich vergäße, Jerusalem« erschien 2009, und danach ging es weiter: »Als Mann und Frau schuf er sie« war das nächste Buch, eine Einführung in die Theologie der Leiblichkeit, danach folgte das autobiografische »Stairways to Heaven«.

Aber alles begann in der Ruhe. Und es begann zu blühen, als sie ein bisschen zu müde war.

Im Juni 2007 kehrte Sr. Sofie von Jerusalem nach Schweden zurück. Das ist nun schon einige Jahre her, und ich frage, was geblieben ist. Hat sie ihre Erfahrungen in das Leben in Rögle einbringen können? Vielleicht die Sabbatfeier, die sie geradezu lyrisch beschrieben hat?

»Das eigentlich Große ist in meinem Herzen geschehen«, sagt sie und beschreibt ein Gefühl, das immer noch da ist. Es ist eher eine Atmosphäre als etwas Praktisches, das man ins Klosterleben überführen könnte, in dem man ja ohnehin den gleichbleibenden wöchentlichen Rhythmus und die Ruhe pflegt.

»Wenn ich an den Sabbat denke, denke ich nicht so sehr an die Ruhe als an …« Sie sucht kurz nach dem passenden Ausdruck und sagt dann: »… an diese Fülle! Wir haben ja eher die Vorstellung, dass ein Ruhetag so etwas wie ein leerer Tag ist. Aber da ist so eine Fülle! Die Erinnerung an diesen Reichtum, an das Erfüllte – das ist es, was mir geblieben ist.«

Ich denke laut weiter und überlege, ob es da vielleicht einen gemeinsamen Nenner gibt zwischen all den manchmal schwer zu übersetzenden Texten, die von »Königin Sabbat« sprechen (man heißt sie in dem Raum willkommen, in dem das Sabbatmahl gehalten wird), oder Texten, die von der Gegenwart dienstbarer Sabbatengel erzählen, von der einen Person, die symbolisch durch ein weiteres Gedeck anwesend ist und dem überfließenden Becher, der als deutlichstes Zeichen für das vollkommene Leben steht. Vielleicht gehört dazu sogar Jesus als der Herr des Sabbats?

»Könnte nicht das Betonen der Fülle tatsächlich das Gemeinsame sein?«, frage ich. »Dass die Ruhe wie ein Freund kommt, eine Person, und dass sie die Mahlzeit, das Zusammensein und schlussendlich das ganze Leben reicher macht?«

Sr. Sofie hat zumindest keine Einwände.

NEBEN UNSEREM NACHDENKEN über die Fülle kristallisieren sich bei unserem Gespräch zwei weitere Dinge heraus: zum einen, wie wichtig es ist, dass nicht alle Tage gleich sind, dass ein Tag sich von den anderen unterscheidet; zum anderen, wie wertvoll feste Abläufe sind.

Der Ruhetag war Sr. Sofie schon lange vor ihrem Israeljahr wichtig gewesen, aber seine Bedeutung wuchs für sie während ihres Aufenthalts immer noch mehr. Auch wenn es ihr nicht jedes Mal gelang, so versuchte sie es doch wenigstens, den Computer an den Sonntagen ausgeschaltet zu lassen. Weil ihr Kloster zu Hause aber gerade am Sonntag voller Menschen ist – als Einzelgäste oder Gruppen –, kann er kein wirklicher Ruhetag sein. So vieles muss einfach funktionieren, und der Computer wird gebraucht, um vor dem Gottesdienst schnell noch für jemanden ein Gebet oder einen anderen Text auszudrucken. Der Sonntag ist also teilweise Arbeitstag, wenn auch ein Tag, an dem die heilige Messe gefeiert wird, und deshalb ist es der Montag, der sich von den anderen Tagen unterscheidet. Und zwar deutlich.

DIE SCHWESTERN FEIERN natürlich auch am Montag »einige wenige Gottesdienste«, aber ohne Instrumente und ohne Gesang. Sie lesen die Texte, die sonst gesungen werden, sie essen jede für sich allein und beten für sich allein die Laudes, das Morgengebet, nach der Ordnung des Stundengebets. Und sie sprechen nicht miteinander, von Notfällen einmal abgesehen.

Sr. Sofie erzählt mir, dass sie, wenn sie für sich allein betet, die hebräische Bibel nimmt und die Psalmen laut und auf Hebräisch betet. Als ich sie frage, warum sie das tut, antwortet sie: »Weil es mich froh macht. Das hat mir meine Physiotherapeutin gesagt: Wenn man tut, was einen froh macht, dann entsteht etwas. Da wird innerlich etwas aufgebaut.«

An Montagen schreibt sie gern. »Das ist für mich Entspannung«, sagt sie, und ich ergänze, dass das wohl ganz im Geist des Sabbats ist.

»Genau!«, bestätigt sie. »Das ist Sabbat: tun, was froh macht.«

»Anders« und »froh«, viel eher als »verboten« und »erlaubt« – da liegen zwei weitere Puzzleteile auf dem Tisch, denke ich. Wichtig ist, dass dieser eine Tag sich von den anderen unterscheidet.

Und dann ist da noch die Pflege der Beziehungen, die bei der jüdischen Sabbatfeier betont wird.

»Für uns ist der Montag wichtig, was unsere Beziehung zu Gott angeht. Da haben wir mehr Zeit für das persönliche Gebet«, sagt Sr. Sofie.

In ihrem Buch beschreibt sie Begegnungen mit Juden, die sich sehr streng an das Sabbatgebot halten, und macht die interessante Beobachtung, dass sie auf »strikte Regeln und entspannte Menschen« trifft – ein Phänomen, das ihr in Klöstern mit strengen Ordensregeln ebenfalls begegnet. Innerhalb der engen Gitter – und die gibt es in diesen beiden Milieus buchstäblich – leben auffallend entspannte Menschen.

»Man braucht Regeln, man muss ein bisschen streng sein. Das ist gut. Das macht etwas mit uns«, sagt sie. Hier im Kloster Rögle, wo es zum Alltag gehört, dass man einer festen Ordnung folgt, weiß man das natürlich ohnehin.

»Das ist gesund! Ich weiß, wie gut das tut.«

Sie macht es mir deutlich, indem sie mir von orthodoxen Juden erzählt, denen es nicht erlaubt ist, am Sabbat ihren Stadtteil zu verlassen.

»Man soll zu Hause bleiben und zusammen sein. Gottes Weisheit steckt in so einfachen Sachen: essen, sich Zeit fürs Gebet nehmen, spazieren gehen«, betont sie und unterstreicht, wie gut es ist, wenn man immer wieder darauf gestoßen wird, dass das, was man braucht, ganz in der Nähe zu finden ist und auf diese Weise innerhalb der Begrenzungen eine große Freiheit entdeckt.

Die Zeit fliegt. Ich schaffe es immerhin, an zwei Messen in der Kapelle teilzunehmen, einem umgebauten Kuhstall, bevor ich mich wieder auf den Weg zurück nach Göteborg machen muss. Ich setze mich ins Auto und rolle heimwärts mit dem Gefühl, etwas Wichtiges erlebt zu haben. Aber nicht wichtig im Sinne von grandios oder außergewöhnlich. Das Treffen war so locker und fröhlich, wie ich es mir erhofft hatte. Auch hier trifft zu, was sowohl Göran Larsson als auch Sr. Sofie im orthodoxen jüdischen Milieu beobachtet haben: strenge Regeln und entspannte Menschen.

Ich kaue auf dem Heimweg noch ein bisschen auf diesen Wörtern herum. Üblicherweise heißt unser Motto ja eher: lockere Regeln (oder sogar gar keine Regeln), und ich frage mich, ob die Fortsetzung deshalb zwangsläufig heißen muss: gestresste Menschen.

Das Einzige, was ich bedauere, ist, dass ich keinen Mittagsschlaf gemacht habe.

~

Wichtig ist, dass dieser eine Tag sich von den anderen unterscheidet.

Kapitel 15

Die Feinde der Ruhe

EIN BILD STEHT mir immer wieder vor Augen. Dabei habe ich es gar nicht gesehen, es ist nur in meiner Fantasie vorhanden, eine Summe verschiedener Dinge, die Sr. Sofie gesagt hat, als wir in der Bibliothek des Klosters Rögle zusammensaßen. Das Bild setzt sich aus verschiedenen kurzen Sätzen zusammen, die auch in ihrem Buch über die Jerusalemer Zeit stehen, und es geht dabei um den Kampf gegen die Feinde der Ruhe.

Immer wieder fällt mir ein, wie Sr. Sofie da in den ersten Wochen bei den Schwestern von »Ecce Homo« auf dem Bett lag. Der Raum war ganz oben im Haus, in einer Art Erkerturm. »Hier oben sollte ich wohnen, quasi über den Heiligtümern der Stadt schwebend«, schreibt sie. Außerhalb des Raums dieser ohrenbetäubende Straßenlärm, die fieberhafte Aktivität, der Puls, das Gemurmel, die durchdringenden Rufe von den Minaretten und das Geläut der vielen Kirchenglocken. Und da oben, wie in einer Glaskugel, liegt ein Mensch, der einfach nur unendlich müde ist.

Das Bild offenbart mir einige meiner eigenen Vorurteile. Kann man in einem Kloster ein Burnout bekommen? Ist ein Kloster nicht genau die Umgebung, nach der wir alle uns sehnen, während wir durch unser Leben jagen?

Offenbar verläuft die Trennlinie nicht zwischen dem Klosterleben und dem »normalen« Leben. Offenbar trifft der Zeitdruck jeden Menschen, und es gibt kein Milieu, das immun wäre. Und offenbar müssen die Umstände uns manchmal die Kontrolle aus der Hand nehmen, damit wir unsere Hände öffnen und das entgegennehmen, das nur als Gabe empfangen werden kann.

Zu den Dingen, mit denen ich mich schwertue, gehören die Anweisungen der Rabbiner, die aufzählen, was man am Sabbat tun und was man nicht tun darf: Es heißt, dass man nicht traurig sein und dass man sich keine Sorgen machen soll. Der Sabbat soll ein Tag der Freude sein.

Leicht gesagt, denke ich. Ist es in der Realität nicht genau andersherum? Setzen das Sorgenmachen und die Unruhe nicht gerade dann ein, wenn unser Körper zur Ruhe kommt? Anders gesagt: Wie stürmisch es um einen her zugeht, merkt man doch gerade, wenn der Körper still liegt. Ich werde skeptisch, wenn jemand behauptet, dass er sich nie Sorgen macht, und frage mich, ob er die Wahrheit sagt.

Ganz unerwartet habe ich jemanden gefunden, der meine Skepsis teilt. Es ist ausgerechnet der »Guru« unter den Sabbatverteidigern: Abraham Joshua Heschel (1907–1972), der Religionsphilosoph, der den Klassiker »The Sabbath« geschrieben hat, dieses bemerkenswerte und beeindruckende Buch, das von Menschen ganz unterschiedlicher religiöser und philosophischer Orientierung gelesen und geliebt wird. Die Sprache seines Buchs ist sehr speziell und ganz anders als die anderer Bücher zu diesem Thema. Sie ist von solcher Schönheit, dass viele Leute dachten, nicht Heschel, sondern irgendein anderer Autor müsse es geschrieben haben.

Der elegische, poetische Stil erweckt genau das Gefühl, das nach Heschels Buch zum Sabbat gehört. Heschel lebt schon lange nicht mehr, aber in einem der Gespräche mit ihm, die dokumentiert sind, fragt ihn jemand auch nach der inneren Unruhe und dem schwer verständlichen Sorgenverbot.

»Ich beurteile Menschen unabhängig davon, in wie viele schwierige Probleme sie verstrickt sind«, sagt er und stellt fest, dass es die Menschen sind, die Probleme haben und dass es Gott ist, der sich ständig mit ihren Problemen herumschlägt. Dass Gott und Mensch sich gemeinsam plagen, gehört für Heschel zum Leben und ist ein Berührungspunkt zwischen ihnen. Das Gespräch über die Sorge endet mit einer Frage, die gleichzeitig eine Antwort ist: »Wie kann man Mensch sein, ohne beten zu können?«

Vielleicht war der Tag, den ich mit Sr. Sofie verbrachte, deshalb von einigen Nächten begleitet, in denen ich unruhig schlief und grübelte. Das Bild der Schwester, die einsam in einem kleinen Raum liegt – über den Lärm der Stadt erhoben, aber am Boden, was die eigene Kraft angeht –, wurde mir wichtig.

In meiner Einfalt hatte ich gedacht, dass ich in meiner eigenen Auszeit um das Sorgen herumkommen würde. Stattdessen dauerte es gar nicht lange, bis sie aus ihrer Höhle herauskrochen, die drei Hauptfeinde der Ruhe: Sorge, Überdruss und Rastlosigkeit. Ich kenne sie ja schon lange sehr gut, aber ich weiß auch, dass sie mit den Jahren hinterhältiger geworden sind. Eines frühen Morgens, als die Unruhe wie eine Verrückte durch meinen Kopf raste, suchte ich Zuflucht auf der Küchenbank, und ich hatte dabei das Gefühl, als müsste ich mich an ihr festhalten wie an der Reling eines Boots im Sturm. Oder mich sogar fesseln lassen, um nicht weggeweht zu werden.

Wer solch eine innere Unruhe selbst nicht kennt, weiß meistens, wie andere mit ihr umgehen sollten: Steh auf, iss Haferflocken mit Milch, lies etwas Gutes oder leg dich in die Badewanne! Wenn das mal so einfach wäre. Ich habe schon in der Morgendämmerung am Fenster gestanden und auf das schlafende Dorf geschaut, versucht, meinen Gedanken eine andere Richtung zu geben und mich denen zu verweigern, die mich beunruhigen wollten, mich bemüht, sie zurückzudrücken, so als wollte ich eine sprudelnde Limo-Flasche wieder verschließen, nachdem jemand sie geschüttelt hatte. Alles mit dürftigem Erfolg.

Wer solche »Stachel« kennt, braucht natürlich keine Beschreibung: wie man gegen seinen Willen wach wird und es nicht schafft, wieder einzuschlafen, wie man versucht, die Gedanken zu verscheuchen, dabei aber zum Unruheherd getrieben wird wie das Boot zum Wasserfall, wie einem im Bruchteil einer Sekunde der kalte Schweiß ausbricht, wie die Gedanken gefangen sind, sich im Kreis bewegen und dabei immer weiter herunterwirbeln, destruktiv und immer destruktiver werden. Alles verliert seine Proportionen. Was einem nach Sonnenaufgang wie ein Nichts erscheint, kann einige Stunden zuvor noch lebensbedrohlich gewesen sein.

In solchen Stunden sucht man die Ursache seines Leids

oft bei sich selbst. Man bekommt, was man verdient, ist der Gedanke, mit dem man kämpft. Aber man quält sich oft auch tatsächlich körperlich. Beziehungen, in denen man sich verwundet hat, tauchen auf – was sie gesagt hat, was ich geantwortet habe. Sorgen nagen an einem – wegen der Kinder, wegen der finanziellen Lage, dem wachsenden Schweigen in der Paarbeziehung, der unerledigten Arbeitsaufträge im Job. Oder wegen der Krankheit, die ausgerechnet im Frühling, als alles so gut war, ihre ersten Signale gesendet hat.

Wie soll man davor Ruhe finden? Kann man, wie die Rabbiner vorschlagen, einen Tag überspringen und die Sorgen irgendwann später in der Woche wiederkäuen? Ich glaube nicht, dass man *vor* etwas Ruhe finden kann. Es wäre, als würde man behaupten, es gäbe gar keinen ernsthaften Grund für die quälenden Sorgen. Es gibt einen Grund, und alles, was es gibt, hat auch eine Bedeutung. Es muss wohl eher um die Kunst gehen, *in* allem, was da ist, Ruhe zu finden. Eine Einübung, sich auf andere Kräfte als auf die eigenen zu verlassen. Genau hier birgt die Ruhe ihr tiefstes Geheimnis: Wo die Kraft zu Ende geht, wartet eine Kraft, die weiter trägt.

»Das ist eine Alterserscheinung«, heißt es, wenn man erzählt, dass man mit den Hühnern aufsteht. (In Schweden sagt man: zur Wolfsstunde aufsteht, *Anm. d. Übers.*). Ich bin mir da nicht so sicher. Es kommt ja auch drauf an, was für ein Chronotyp man ist. Und auf die Umstände, die das Leben bestimmen. Dass man genau zu dieser Zeit aufwacht, hat seine Gründe: »Die Wolfsstunde ist die Stunde zwischen Nacht und Morgendämmerung, die Stunde, in der die meisten Menschen sterben, in der der Schlaf am tiefsten ist, in der die Albträume am wirklichsten zu sein scheinen. Es ist die Stunde, in der der Schlaflose von den ärgsten Ängsten bedrängt wird, in der die Gespenster und Dämonen am mächtigsten sind. Die Wolfsstunde ist auch die Stunde, in der die meisten Kinder geboren werden«, schreibt Ingmar Bergman.

Wolfsstunde nennen wir die Zeit vor der Morgendämmerung, oft sind das die Stunden zwischen 3 und 5 Uhr morgens, in denen die körperliche Aktivität am geringsten ist. Der Melatoninspiegel ist auf seinem höchsten Punkt, Körpertemperatur und Blutdruck sinken auf ihre niedrigsten Tageswerte und der Stoffwechsel ist stark reduziert.

»Die Voraussetzungen, um wach zu sein, sind um diese Zeit besonders schlecht. Deshalb verschläft man ja diese Stunden auch gewöhnlich. Wenn man dennoch aufwacht, fühlt man sich selten gut, denn der Körper ist jetzt ganz aufs Schlafen eingestellt. Teile des Immunsystems sind zwar auch während der Nacht aktiv, Blutdruck, Herzfrequenz und Körpertemperatur sind dagegen am Tag am höchsten. Aber auch andere physiologische Daten verändern sich während des Tages. Unsere Lungenfunktion ist zum Beispiel am Nachmittag gegen 16 Uhr am besten – und 12 Stunden später am geringsten. Es ist deshalb kein Zufall, dass uns zur Wolfsstunde alles anstrengt«, fasst die Website »Psykologi i fokus« zusammen.

An einem solchen Morgen wachte ich lange vor der Sonne auf, verließ das Bett und setzte mich in die Küche.

Ich hatte die Hoffnung aufgegeben, noch einmal einzuschlafen, obwohl mir noch einige Stunden Schlaf fehlten. Ich stellte das Radio an und gleich wieder aus, öffnete Spotify und sah auf der Empfehlungsliste, dass mir ein neuer Song von Amy Grant vorgeschlagen wurde, einer US-amerikanischen Sängerin. Sein Titel sprach mich sofort an: *Don't try so hard.*

Don't try so hard.
God gives you grace and you can't earn it
Don't think that you're not worth it
Because you are

Ich hörte das Lied mehrmals hintereinander, obwohl ich es nicht für einen besonders guten Song hielt. Aber der Text fasste genau das in Worte, womit ich in der letzten Zeit gerungen hatte. Dass er mir gerade jetzt begegnete, kam mir geradezu unheimlich vor. Es war ein großer Moment, zum einen, weil mir der Text so etwas wie ein Wiedererkennen ermöglichte, aber vor allem, weil ich spürte, dass ich vor einer Entscheidung stand, an einem Punkt, wo verschiedene Ströme zu einem einzigen See zusammenfließen. Ich wusste, dass es um einen Kampf ging, aber auch, dass ich Befreiung finden würde – indem ich meine angestrengten Versuche aufgab oder indem ich zumindest weniger angestrengte Versuche unternahm.

Das Bild von Sr. Sofie ist auch ein Bild von uns allen, die wir auf einem Berg von Zuviel ruhen. Es ist nicht nur das Bild eines Menschen, der müde ist, es ist auch das Bild eines Menschen, der erreichbar, ansprechbar ist. So als habe die Müdigkeit dazu geführt, dass er etwas hört, was er sonst nicht gehört hätte, Gedanken zulässt, die er sonst verdrängt hätte. Ich spreche dabei von einer Müdigkeit, die daher rührt, dass man über seine Kräfte hinausgegangen ist, nicht von einer krankhaften Erschöpfung.

Mir ist bewusst, dass eine schwere Zeit oder ein schwieriger Prozess im Leben eines Menschen sehr schmerzhaft sein können und dass es nicht leicht ist, sie zu akzeptieren. Aber ich glaube, dass darin auch etwas Allgemeingültiges und sehr Hoffnungsvolles spürbar wird, wenn man nämlich entdeckt, dass man die Kräfte, die die Ruhe bedrohen, bekämpfen kann – mit der Ruhe selbst. Bei der Fülle, von der Sr. Sofie sprach, kann es auch darum gehen, dass die Ruhe gute Kräfte in sich trägt, Kräfte, die das Feld übernehmen, wenn die eigenen Kräfte schwinden. Die Gnade, die man sich nicht verdienen kann und von der man doch nie glauben sollte, dass man sie nicht wert sei, diese Gnade wird einem am Ende des Wegs geschenkt.

Ich glaube, dass man die Sabbatregel, die uns auffordert, die Sorgen loszulassen, nicht als einen realitätsfernen Tipp im Stil von »Alles geht so viel leichter, wenn man fröhlich ist« verstehen soll, sondern als Ermutigung, unseren Blick auf die hilfreichen Kräfte zu lenken, zu denen wir Zugang haben. Im Himmel und auf der Erde. Feststellen, dass man nicht allein ist in seinem Kampf. Wenn man es so sieht, ist die Redewendung meines Freundes –»Wir ruhen uns da durch« – gar nicht so verrückt.

Kann die Ruhe ein Weg sein, auf dem wir lernen, mit unseren Sorgen zu leben, uns vielleicht sogar damit zu versöhnen, dass es sie gibt? »Sorget nicht«, sagt Jesus zu seinen Jüngern (Matthäus 6,25). Das heißt nicht, dass da keine Sorgen wären. Ich verstehe seinen Satz als Aufforderung, nicht noch neue Sorgen zu all den Sorgen, die es schon gibt, hinzuzufügen. »Es ist genug, dass jeder Tag seine eigene Plage hat« (Matthäus 6,34). Die Sorge gehört zum Leben. Die Sorgen sind ein Teil der Reibung, die entsteht, wenn das Lebensrad sich bewegt. Und manchmal erfüllt die Sorge eine Aufgabe: Sie signalisiert, dass etwas ernst genommen werden muss, dass Veränderung nötig ist.

Bleibt die entscheidende Frage, ob die Kräfte, die in der Ruhe wohnen und wirksam sind, es mit der Sorge, die uns übermächtig erscheint, aufnehmen können. Ich treffe immer wieder Menschen, die das bestätigen können. Überbeanspruchte Mitmenschen, die einfach nicht mehr weiterwussten und schon zu jedem Strohhalm gegriffen hatten. Sie haben schließlich losgelassen, gemeint, dass nun alles vorbei sei – und zu ihrer eigenen Verwunderung gemerkt, dass genau hier der Wendepunkt zum Besseren lag.

Wenn es um Sorgen geht, bin ich Fachmann. Fast unser ganzes gemeinsames Leben haben Lotta und ich mit der Pflege zweier Kinder verbracht, deren angeborene Hirnerkrankung immer nur schlimmer wurde. Zuletzt hat der Tod uns gezwungen, von ihnen Abschied zu nehmen. Der Kampf ist vorbei, aber die Wunden sind noch da. Und die Sehnsucht nach unseren Kindern ist immer noch lebendig.

Ich habe über unsere Erfahrungen nie geschrieben oder von ihnen erzählt als von einer Sache, die »härter war als jede andere« oder als von etwas, womit wir »geschlagen sind«. Jeder trägt seine Last. Aber in unserem Haus wissen wir, was es bedeutet, mit chronischer Sorge zu leben, mit mehr Sorge, als man bewältigen kann. Eine Sorge, die sich noch durch das Wissen verstärkt, dass es am nächsten Tag nicht besser sein wird. Diese Sorge ist mit dem Liebsten verbunden, was man im Leben hat, und das einzige Ende, das man sich vorstellen kann, ist das Ende, das man nicht will. Der Tod.

Ich stelle meine zentrale These – *Es geschieht, während du nichts tust* – den Erfahrungen gegenüber, die ich in den Jahren nächtlicher Qualen gemacht habe. Der Satz klingt so einfach, aber irgendetwas nahm in diesen Jahren tatsächlich Form an, eine einfache Gedankenkette fügte sich zusammen, eine Kette, die immer noch hält. Sie beginnt im Alltagsgrau und endet bei Gott. In Gedanken nehme ich sie manchmal zur Hand, wenn ich zur Wolfsstunde aufwache und das Sorgenkarussell sich in Gang setzt.

Als Erstes versuche ich mir zu sagen, dass das menschliche Leben ist, wie es ist, und zwar für alle Menschen. Mit Heschels Worten: »Der Mensch hat Probleme.« Früher oder später bricht etwas in unserem Leben, und meine Frau und ich sind gerade mitten im Zerbruch. Viele haben das leider noch vor sich. Aber es gibt auch Menschen, die es schon hinter sich haben und die offenbar ihren Weg durch die Schmerzen gefunden haben und weiterleben. Menschen, die nicht nur überlebt haben, sondern immer noch lebendig sind. Ich denke eine Weile an sie und gewinne Kraft aus dem Gedanken, dass es sie gibt.

Das Zweite, das ich versuche, ist zu vertrauen. Nicht zu resignieren. Dabei hilft mir der Gedanke, dass die Ruhe ein Glaubensbekenntnis ist, und ich sage mir selbst, dass ich hilflos bin, aber nicht verlassen, dass ich machtlos bin, aber nicht vergessen. Ich sage mir das auf tausend verschiedene Weisen, jeder Satz begleitet von einem tiefen Seufzer. Seufzer sind vielleicht unsere aufrichtigsten Gebete. In meinen Gebetsseufzern ist alles enthalten, was ich sagen will, meine ganze Lebensgeschichte. In ihnen habe ich die Freiheit, mein Herz vor jemandem auszuschütten, der nicht kritisiert, nicht richtet und nicht mit billigem Trost kommt.

Und drittens stelle ich mir das alles als eine körperliche Übung vor. Ich neige mich in die Richtung, in die ich wachsen will. Ich versuche mich etwas mehr in Richtung Vertrauen zu neigen als auf die Seite der Resignation. Ich neige mich zur Seite Gottes. Zuletzt lasse ich mich von einem Bild anspornen. Es stammt aus dem großen Gebetbuch der Bibel, den Psalmen:

> Zähle die Tage meiner Flucht,
> sammle meine Tränen in deinen Krug;
> ohne Zweifel, du zählst sie.
> (Psalm 56,9)

Statt auf das Problem zu starren, lasse ich meiner Fantasie freien Lauf und sehe den Herrn des Himmels, wie er mit seinem großen Eimer durch alle unsere Wohnräume zieht, das Schlafzimmer und die Diele. Ich sehe, wie er die Tränen trocknet. Nicht ein Tropfen geht verloren. Alles, was unser Leben so schwer gemacht hat, fällt in den Krug. Dann zählt er die Tage, an denen wir vor unserer Last fliehen wollten. Warum tut er das? Was macht er mit unseren Tränen? Ich weiß es nicht, aber ich ahne, dass es ein Bild ist, das uns klarmachen kann, wie vollkommen Gott sich in unser Leben einfühlt. Was wir fühlen, wenn die Panik aufsteigt, das fühlt auch Gott. Bis zur letzten Träne.

Die Rastlosigkeit agiert auf eine andere Weise als die Sorge. Sie ist erfindungsreich. Wenn die Rastlosigkeit einsetzt, ist der erste Impuls: Ich muss etwas tun! Was auch immer, nur nicht das, woran ich gerade bin. Diesem Impuls zu folgen, ist genau das, was die Rastlosigkeit will, aber nicht das, was der Rastlose jetzt braucht.

Die Rastlosigkeit kann nie »weggeschafft« werden. Nach meiner Erfahrung kann ich nur eines empfehlen – so widersprüchlich es auch scheinen mag: dem Gedanken zu folgen wagen, dass ich jetzt nur eins brauche, und das ist Nichtstun. Mich eine Weile hinsetzen. Nirgends hingehen, nichts Neues anfangen, niemanden anrufen, keine Mails checken. Mir fehlt nichts als eine Pause. Ich bin ja nicht beschäftigungslos, ich bin rastlos.

Und doch ist der schlechte Ruf, den die Rastlosigkeit hat, unverdient. Wenn sie zur Entwurzelung führt, ist sie destruktiv, aber richtig eingesetzt, kann sie einem Menschen den Weg zu Ruhe und Achtsamkeit zeigen, der anders nur schwer zu finden wäre. Ich weiß noch, wie glücklich ich war, als ich den norwegischen Milliardär und Kunstsammler Petter Stordalen in einem Fernsehinterview sagen hörte, dass er arbeitet, um seine Rastlosigkeit aufrechtzuerhalten.

Ich notierte mir seinen Satz auf einem Zettel und legte

ihn in eine Mappe. Endlich jemand, der es wagt, über die Verdienste der Rastlosigkeit zu sprechen! Ich habe immer Menschen beneidet, die still auf einem Stuhl sitzen und die Wand anschauen können – und das genussvoll. Manche sind unter diesen Voraussetzungen auch noch kreativ. Ich kann das nicht. Dann spüre ich nämlich die Hummeln unter meiner Sitzfläche. Ich gehöre zu den vielen, denen es gut geht, wenn sie sich bewegen, und was wichtiger ist: die in der Bewegung Ruhe finden.

Was zuweilen ein Segen ist, muss es aber nicht immer sein. Manchmal ist dieser Antrieb, dieses Bedürfnis nach Bewegung auch nichts anderes als eine Flucht vor Dingen, mit denen man sich auseinandersetzen müsste. Das ist wohl einer der Gründe, warum wir heute ein gespaltenes Verhältnis zur Ruhe haben. Wir sehnen uns nach ihr, und wir scheuen sie. Wir träumen von ihr, aber wenn sie da ist, empfinden wir sie als anstrengend oder langweilig.

Die Herausforderung besteht darin, der Rastlosigkeit die Stirn zu bieten, indem man sich der Länge nach auf die Küchenbank legt und eine Weile den Gedanken aushält, dass das Nichtstun trist ist. Und dann nicht zu früh aufsteht. Die Rastlosigkeit hat nämlich einen schwachen Punkt: Ihre Geduld ist verständlicherweise sehr begrenzt. Genau hier muss man sie packen. Es passiert etwas in der Ruhe. Sicher ist es von Mensch zu Mensch verschieden, aber nach meiner Erfahrung muss man nicht lange in der Ruheposition verharren, bis sich der Impuls, etwas zu tun, abschwächt.

Eine Sache hat mir sehr geholfen: Ich stelle mir vor, wo ich gerade jetzt gern sein würde, und sage mir dann, dass ich mich dort hierhin zurücksehnen würde. So lange man nicht wirklich ergründet hat – oder »ausgewartet« hat, wie ich es nenne –, wovon man eigentlich wegmöchte, so lange schleppt man das Problem mit sich.

Da meine Auszeit auch einen experimentellen Charakter hat, nehme ich mir die Freiheit, einige höchst unwissenschaftliche Schlüsse zu ziehen. Einer von ihnen lautet so: Die Rastlosigkeit ist ein Kurzstreckenläufer, der relativ leicht zu besiegen ist, wenn man ihn auf einer längeren Distanz herausfordert. Vielleicht sogar, indem man all seinen Mut zusammennimmt und sich der Frage stellt: Wovor renne ich eigentlich weg?

DASSELBE GILT für den Überdruss. Man muss ihn zu Tode langweilen.

Das Buch Prediger oder Kohelet ist eins der biblischen Bücher, die ich zu schätzen gelernt habe. Es ist zwar zum Hohelied der Schwarzseher geworden, aber es ist natürlich viel mehr als das. Es beschreibt scharfsinnig, wie man mit Lebensüberdruss umgeht und wie man in gewissem Maße lernt, mit ihm zu leben. Der Autor des Predigerbuchs ist wie so viele gutsituierte, mittelalte, durchtrainierte, sich durch die TV-Kanäle zappende, zuverlässig funktionierende Menschen geschlagen mit Überdruss. Er hat die Möglichkeit und die Mittel, fast durchgängig das zu tun, wozu er Lust hat. Das Problem ist nur, dass er zu nichts mehr Lust hat. Um das zu besiegen, was die Wüstenväter den Mittagsdämon nannten – die Versuchung, die zuschlägt, wenn die Sonne am höchsten steht –, macht er ein Experiment: Er leert Becher auf Becher bis zur Neige und wertet aus, in welchem Maße seine Bedürfnisse dadurch befriedigt werden. »Und alles, was meine Augen wünschten, das gab ich ihnen und verwehrte meinem Herzen keine Freude« (Prediger 2,10).

Er gibt sich dem Genuss hin, dem Materialismus und der Bequemlichkeit. Er kauft sich alles, was er gern hätte, aber am Ende aller Investitionen wartet nur wieder ein Abgrund von Leere. Mit seinen eigenen, klassisch gewordenen Worten: »Und siehe, es war alles eitel und Haschen nach Wind« (Prediger 1,14). Doch die düsteren Betrachtungen münden in eine hoffnungsvolle Schlussfolgerung: Es reicht nicht, für den Moment zu leben. Die Momente müssen in einem Zusammenhang stehen, sie müssen auf lange Sicht ein sinnvolles Ganzes ergeben. Der Überdruss kann anzeigen, dass das sinnvolle Ganze fehlt.

Der Überdruss kommt aus einer anderen Richtung als die Rastlosigkeit. Im Vorwort zu seinem Buch »Boredom«[12] (Langeweile) schreibt der Geschichtsprofessor Peter Toohey, dass er über lange Strecken in seinem Leben gelangweilt war, mit seinem Buch aber zu beweisen hofft, dass es ihm nicht geschadet hat. Er schreckt nicht davor zurück, Langeweile und Überdruss als »Segnungen« zu bezeichnen, »die dazu da sind, unser Leben fruchtbar zu machen«. Und wer hat das nicht schon erlebt, einen Augenblick, in dem man im Überdruss innehielt, einen Augenblick, der plötzlich groß wurde und einen Hauch von Ewigkeit spürbar machte:

Nichts gleicht an Langsamkeit der lahmen Tage Stocken,
Wenn unter schwerer Zeit eisgrauen kalten Flocken

Der Überdruss, der dumpf aus müder Unlust steigt.
Anschwellend dir das Maß der Ewigkeiten zeigt.[13]

Im Kampf gegen die Feinde der Ruhe stellt man erstaunt fest, wie effektiv dabei die Ruhe selbst ist. Das hat auch eine geistliche Dimension: Wer ruht, holt sich seine Waffen aus einem anderen Arsenal als dem eigenen.

ICH LASSE MEINEN Blick auf das Stück Wand zwischen den Fenstern gleiten. Da hängt das Kruzifix, das ich vor vielen Jahren einigen älteren Damen auf einem italienischen Flohmarkt abgekauft habe. Ich erinnere mich noch an den Abend, als ich nach Hause kam und dachte, dass ich den Frauen wohl doch einen etwas zu großen Schein für dieses leicht ramponierte Kunstwerk gegeben hatte. Jesus hing nur noch lose daran, und ich musste ihn erst einmal festleimen.

Seitdem hängt das Kruzifix dort, und sein Wert ist in die Höhe geschnellt. Natürlich nur sein eigentlicher Wert, der »affektive Wert«. Das Wort kommt, wie gesagt, von *affection*, was man auch mit »Zuneigung«, »Zärtlichkeit« und »Krankheit« übersetzen kann. Wenn ich auf den Leib blicke, der da am Kreuz hängt, scheint es mir nicht mehr seltsam, dass auch »Krankheit« zu den Übersetzungsmöglichkeiten gehört.

Das Licht der Straßenlaterne draußen vor unserem Haus lässt die Konturen seines Körpers hervortreten. Seine Arme sind ausgestreckt, seine Hände an den Querbalken gefesselt. Ich schaue auf seine Hände und betrachte dann meine eigenen. Ich lockere den etwas verkrampften

Griff, mit dem ich die Lehne der Küchenbank umschlossen habe, die Sorge, die Angst und all das andere. Ich lasse meine Arme neben meinem Körper ruhen. Ich ahme Gott nach.

In einem kindlichen Akt der Hingebung drehe ich die Handflächen nach oben und lasse die Außenfläche der Finger auf die Sitzkissen fallen. Ohne ein einziges Wort zu sagen, bekenne ich meinen Glauben. Ich glaube an das Geheimnis eines Gottes, der an das menschliche Schicksal festgenagelt ist, dessen Arme das ganze menschliche Leben umfassen, ein Geheimnis, das ausnahmslos allem gilt: dem Schönen und dem Hässlichen. Dem Zerbrochenen und dem an der Grenze zum Zerbrechen.

Und noch bevor das Morgenlicht in die Küche fällt, bekenne ich gerade heraus in die Dunkelheit, dass auch unser Leben hier einen Platz hat. Worte eines alten Liedes strömen aus meinem Inneren, vereinigen sich mit meinem Bekenntnis und werden zu meinem Gebet: »Fels, der du für mich zersprungen bist«[14].

~

Kann die Ruhe ein Weg sein, auf dem wir lernen, mit unseren Sorgen zu leben, uns vielleicht sogar damit zu versöhnen, dass es sie gibt?

Kapitel 16

Die Ruhe ist ein Versteck für die Liebe

EINE FRAGE STEHT noch aus. Sie muss gestellt werden, weil Dinge passieren können, während man ruht, mit denen man nur schwer weiterleben kann. Ist es erlaubt, von dem zu ruhen, was man am meisten liebt? Ich denke an die vielen Menschen, die einen schwer kranken Lebensgefährten pflegen, an Eltern, die von ihren Kindern dringend gebraucht werden, aber unendlich müde sind, an erwachsene Kinder, die in der Rushhour des Lebens zu Eltern ihrer eigenen Eltern werden müssen.

Kann man da noch davon sprechen, wie wichtig die Ruhe für das eigene Leben ist? Ich meine: ja. Ich glaube sogar, dass man es unbedingt tun muss. Loszulassen kann manchmal dazu führen, dass man einander nie wieder im Arm hält. Dennoch behaupte ich, dass zu ruhen bedeutet, Verantwortung zu übernehmen. Dass Ruhen Lieben ist.

IN LIGURIEN GIBT es eine schöne kleine Hafenstadt, zu der wir nie mehr zurückkehren werden. Genauso wahr ist aber, dass wir fast täglich zu ihr zurückkehren. Mit unseren Gedanken und Gefühlen. Dort standen wir nämlich und schauten über das azurblaue Meer, als das Leben unseres ältesten Sohns zu Ende ging.

Seit ich von diesem Augenblick öffentlich und im Lauf der Jahre wiederholt erzählt habe, ist mir klar, dass wir ungeheuer viele sind – wir, die wissen, wie es sich anfühlt dazustehen, als wäre einem die Welt plötzlich fremd geworden, in der einen Hand das Handy, die andere auf dem klopfenden, blutenden Herzen. Diese eine Situation gehört zu unserer persönlichen Geschichte, aber das Gefühl, zur falschen Zeit am falschen Platz gewesen zu sein, teilen wir mit vielen Menschen. Womöglich vereint uns kein Augenblick mit so vielen Menschen wie dieser eine. Dass so etwas passiert, scheint unrealistisch. Aber die Realität ist nie mehr als einen Anruf entfernt.

Seit jenem Tag sind mehr als zehn Jahre vergangen, und doch scheint es uns seitdem, als ob der Tod immer einen Tag zu früh käme. Karl-Petters Krankheit war unheilbar, und wir wussten, dass er sterben würde, auch wenn wir glaubten, dass wir bis dahin noch einige Jahre mit ihm hätten. Wir hatten ihn in der Kurzzeitpflege gelassen, die er kannte und in der es ihm immer gut ging, und waren mit dem Auto durch Europa gefahren und nun fast an unserem Ziel.

Nur wenige Stunden vorher hatten wir den Sankt-Gotthard-Tunnel hinter uns gelassen – aus Kälte und Regen auf der einen Alpenseite hinein in Sonne und Wärme auf der anderen –, und ich hatte zu unserer kleinen Reisegruppe gesagt, dass dies wohl der schönste Tag meines Lebens sei. Als wir die nördliche Küste Liguriens erreichten, verließen wir die dicht befahrene Autobahn und bogen zu einem kleinen Fischerdorf ab, um eine wohlverdiente Rast einzulegen. Unser mittlerer Sohn sah, dass es am anderen Ende der Straße einen Laden gab, wo man Schwimmflossen und Tauchermasken kaufen konnte, und lief hin.

Ich hob unseren jüngsten Sohn Ludvig aus dem Auto und wandte mich zu den anderen, die dastanden und die Aussicht genossen. Wir ließen die lang ersehnte Mittelmeerluft tief in unsere Lungen eindringen. Alles lag vor uns: die Ferien, die Wärme, das Meer. Genau in diesem Augenblick klingelte mein Handy. Ich zog es reflexartig aus der Hosentasche und sah sofort, dass der Anruf von Karl-Petters Pflegeeinrichtung kam. Es ging ihm sehr schlecht, und noch während des Telefongesprächs erlitt er einen Herzstillstand. Es wurde ein langes und uns unwirklich erscheinendes Telefonat: Wir standen an der italienischen Küste und erlebten aus der Ferne die vergeblichen Reanimationsversuche in Schweden. Als ich die Aus-Taste des Handys drückte, war Karl-Petter tot.

Der Platz, auf dem wir standen, begann sich zu drehen, erst langsam, kaum merklich, dann schnell und immer schneller. Bilder aus unserem Leben mit Karl-Petter stiegen unsortiert und ungefragt auf. Eine kurze Rückblende auf 15 gemeinsame Jahre. Der namenlose Schmerz, seine piepsenden Schreie, Spiele, Ängste … Schon in diesem Moment wusste ich, dass die Bilder von diesem Parkplatz in Norditalien uns für den Rest unsres Lebens begleiten würden: Menschen, die vorbeigehen, John, der nichtsahnend angerannt kommt und uns ganz glücklich die Schwimmflossen zeigt, die er gekauft hat, und all die anderen Szenen.

Das Gespräch war längst vorbei, aber wir standen noch immer auf dem Platz. Das Meer war nicht mehr schön. Die Ferien, die vor uns lagen, hatten nichts Verlockendes mehr. Jetzt gab es nur noch einen Gedanken: Wir müssen nach Hause. Sofort. Und doch wussten wir: Egal, wie schnell wir fahren, wir werden immer zu spät ankommen. Und ich glaube, dass nie etwas Lottas Schrei übertönen wird, mit dem sie Himmel und Erde wissen ließ, was ihr stilles Gebet gewesen war: Seit wir begriffen hatten, dass Karl-Petters Leben kurz sein würde, hatte sie sich gewünscht, bei ihm sein zu dürfen, wenn es zu Ende ginge.

Aber wir waren nicht bei ihm. Damit müssen wir bis heute zu leben lernen, mit dieser unerfüllten Sehnsucht, mit diesem Gebet, das nicht erhört wurde.

Oder waren wir doch da? Vielleicht ist der endgültige Sieg der Liebe über all unsere Verluste etwas, wovon keine Alpenkette der Welt uns trennen kann. Vielleicht ist unsere Liebe größer als diese Welt, reicht unsere Umarmung über die Berge?

So vieles spitzt sich in solch einem Augenblick zu einer Frage zu. Im Nachhinein ist das Bild dieser Situation für mich mehrdeutig geworden. Und ich wage heute über das, was hier geschah – bei aller Trauer und allem Schmerz, der dazugehört – zu schreiben: Ruhen heißt, Verantwortung übernehmen.

Wie kann man so etwas sagen? Ist das nicht nur ein Versuch, die Schuldgefühle und das schlechte Gewissen zu übertünchen? Nein, was ich für möglich halte, ist vielmehr dies: Wenn wir so nah bei ihm gewesen wären, wie wir es gewollt hätten, wäre vielleicht etwas anderes verloren gegangen. Unser Zusammenleben als Ehepaar. Die Beziehung zu unseren anderen Kindern. Unser Leben kann nicht alles umfassen und leisten. Deshalb muss man manchmal von dem ruhen, was man liebt, und dieses Ruhen als Ausdruck derselben Liebe verstehen, die uns die Kraft gibt, an allen anderen Tagen da zu sein.

Zu ruhen heißt nicht, dass man die Verantwortung vorübergehend abgibt. Zu ruhen heißt, Verantwortung zu übernehmen für das Einzige, das am Ende zählt: die Liebe.

WAS AUF DIESEM Parkplatz geschah, ist ein extremes Beispiel dafür, dass Ruhe und Liebe nah beieinander wohnen. Jede der beiden verbirgt sich in der anderen und setzt die andere voraus. Wer ruht, gibt der Liebe Lebensraum. In der jüdischen Sabbatfeier ist viel Platz für Nähe, für das Verspielte, für Zärtlichkeit.

Man kann Liebe natürlich nicht planen, aber man kann Raum für sie schaffen. Und wie die Rabbiner überzeugt sind, etwas Heiliges könne durch festgelegte Tage, Stunden und Minuten entstehen, so kann man das auch für die Liebe behaupten. Man möbliert den Lebensraum – nicht mit Sofas und Kissen, sondern mit flüchtigen Augenblicken, vergänglichen Momenten und langen, ereignislosen Stunden.

Dass das Sabbatgebot unter den Zehn Geboten so einen hohen Platz, nämlich Rang drei, einnimmt, mag erstaunen. Zwischen den schwergewichtigen Geboten, nicht zu töten und die Beziehung eines anderen Menschen nicht zu zerstören, wirkt die Aufforderung, einen Tag in der Woche zu ruhen, eher wie ein Wellness-Tipp als wie ein

Gebot. Alle Gebote dienen aber dem Schutz des Lebens, und man muss nicht allzu lange nachdenken, um einzusehen, dass, wenn irgendetwas unser Leben bedroht, es der Mangel an Ruhe ist. Wenn man sich nicht regelmäßig Ruhe gönnt, stresst man sich nicht nur selbst bis zum Zusammenbruch. Die ernsthafteste Folge ist, dass man die Menschen, die man am meisten liebt, mit in den Strudel reißt. Deshalb bedroht der Mangel an Ruhe unsere Beziehungen.

Wenn wir erlauben, dass das Tempo in unserem Leben immer schneller wird, dann vergessen wir, dass es leichter ist, einen neuen Job zu finden, als eine neue Familie zu gründen. Unglückliche Entscheidungen trifft man, wenn man entweder zu gehetzt oder zu müde ist. Dinge, die man nie hätte sagen sollen, sagt man, wenn die Kräfte nachlassen. Zu ruhen ist deshalb ein Geschenk, das man denen macht, die man liebt. Man tut etwas für die Liebe, indem man nichts tut. Es ist wichtig, sich das bewusst zu machen, wenn der Druck auf das Alltagsleben steigt, wie es ab und zu in jeder Familie geschieht.

Es passiert leicht, dass man schwindende Kraft mit schwindender Liebe verwechselt. Ich erinnere mich deutlich an Tage in unseren anstrengendsten Jahren, an denen wir es nicht schafften, freundlich und rücksichtsvoll miteinander umzugehen. Aus reiner Kraftlosigkeit zeigte sich jeder dem anderen von seiner schlechtesten Seite. Aber ich erinnere mich auch an Situationen, in denen wir das in Worte fassen konnten. Dann haben wir Sätze gesagt wie: »Verzeih mir. Du weißt, dass ich dich liebe, aber ich bin einfach zu müde, um es dir so zu zeigen, wie ich es dir eigentlich gern zeigen würde.« In solchen Momenten war es wichtig, vom anderen zu hören, was wir natürlich eigentlich wussten: dass nicht die Liebe an ihrem Ende war, sondern unsere Kraft.

Aber auch miteinander zu reden kann anstrengend sein. Einfach mal nichts zu sagen, ist zuweilen erholsam, sich anzuschweigen ist es nie. Die Stille füllt sich nämlich mit Vermutungen, spekulativen Annahmen oder blanken Hirngespinsten, wenn man nicht mehr miteinander redet, und die stören die Ruhe mehr als alles andere. Wenn man seinen Lebensraum mit Liebe möbliert, geht es um so elementare Dinge wie miteinander reden, sagen, was ist, und sich nicht verschließen. Wo die Dinge ausgesprochen werden, ist anschließend klare Luft. Ein »Entschuldigung«, ein »Ich bin müde« reichen manchmal schon, um aus einem angestrengten Schweigen eine erholsame Stille zu machen.

Man beginnt zu merken, dass wir schon einen guten Teil des Lebens hinter uns haben.
Ich spüre das, wenn wir reden.
Wir trauen uns eher zu fallen.
(Jan Nordström)

Es gibt noch eine weitere Verbindung von Ruhe und Liebe, und die hat mit Erwartungen zu tun. Oder, um es umgangsprachlich zu sagen, mit dem Gefühl, es »einfach nicht zu packen«, nicht zu genügen. Ich begegne immer häufiger Menschen, die den Mangel an Ruhe und Erholung in ihrem Leben mit den Worten erklären: »Ich pack's einfach nicht. Ich krieg es nicht hin.« Es scheint, dass nicht die Menge der Aufgaben oder die Last der Verantwortung das Problem ist, sondern das Gefühl, nicht zu genügen, »im Hemd dazustehen«. Wo wir früher »Das ist zu viel!« stöhnten, sagen wir jetzt: »Ich krieg's nicht gebacken.«

Die Ursache des Problems ist offenbar ausgetauscht worden. Man sucht sie jetzt bei sich selbst. Da muss man doch fragen: Wer hat denn den Gedanken aufgebracht, dass man es packen, backen und hinkriegen muss? Wer hat denn die Latte so hoch gelegt? Wer bestimmt denn, was genug ist?

Als Antwort auf diese Fragen habe ich formuliert, was ich einfach mal »Sjödins Glaubenssatz« nennen möchte. Beim Lesen der »Pensées« des Mathematikers und Physikers Blaise Pascal entdeckte ich nämlich eines Tages, dass er seine zentralen Gedanken zur Religion in sogenannten Glaubenssätzen zusammenfasste.

Ich will mich nicht mit Pascal vergleichen, aber ich habe mich noch am selben Tag hingesetzt und Sjödins Glaubenssätze formuliert – als Antwort auf alle überzogenen Erwartungen an Menschen, die sich abstrampeln. Falls sie noch für irgendjemanden außer mir nützlich sein sollten, wäre ich sehr glücklich.

Es sind drei Sätze, und ich habe sie von meinen Söhnen gelernt:

Man muss niemandem genügen.
Es genügt, dass man da ist.
Alles andere ist Zugabe.

Hohe Erwartungen können einen anspornen, aber, wenn man nie von ihnen ruht, können sie einen auch fertigmachen. Hierhin gehört die Sabbatregel, dass man in den nahen Beziehungen weder etwas verändern noch verbessern soll. In der Ruhe vertieft sich unsere Emotionalität und entwickelt sich weiter. Und umgekehrt: In dem Moment, wo unser Gefühlsleben verstummt, verlieren die Dinge ihren Wert.

Wie mit den Dingen, so mit den Menschen. Nur in dem Maße, in dem wir über eine warme, reiche und lebendige Emotionalität verfügen, können wir mit und für unsere Mitmenschen empfinden, uns in sie hineinversetzen und uns wirklich für sie interessieren. Die Ruhe hilft uns weiterzukommen – vom »Alles haben wollen, was man liebt« zum »Alles lieben, was man hat«, auch das Gewöhnliche, Unumgängliche und Ermüdende. All das, was nicht gerade spannend ist, aber mit seiner langen Geschichte zu unserem Leben gehört.

Mit das Schönste und Wichtigste, was je über die Liebe gesagt wurde, findet sich im Hohelied der Liebe. Da fleht die Braut die Töchter Jerusalems an, die Liebe in Ruhe zu lassen: »Weckt nicht, stört nicht auf die Liebe, bevor es ihr selber gefällt!« (Hoheslied 2,7, ELB).

In diesem anrührenden Abschnitt wird geschildert, wie die Braut in den Armen ihres Geliebten liegt. Man spürt, dass alles Begehren und Fordern zur Ruhe gekommen ist. Es ist gut, so, wie es ist. Man muss diese Ruhe hegen und pflegen, damit die Liebe eine Chance hat. Deshalb ist die Ruhe ein Versteck für die Liebe. Die Liebe wächst, wenn wir einander loslassen und Freiraum und Freiheit gewähren.

Lieben heißt Verantwortung übernehmen. Ich habe das auf einem sehr steinigen Weg gelernt, vielleicht auf dem steinigsten, den es gibt. Aber die Folgerungen, die ich aus den uns so unwirklich erscheinenden Minuten, damals, vor mehr als zehn Jahren am Ufer des Mittelmeers, gezogen habe, sind ganz alltäglich. Die Verantwortung für die Liebe muss vor allen anderen Verantwortungen Vortritt haben. Und eine Weise, dieser Verantwortung gerecht zu werden, ist zu ruhen.

In Ligurien gibt es eine schöne kleine Hafenstadt, zu der wir nie mehr zurückkehren werden. Wenn wir es trotz allem bei irgendeiner zukünftigen Reise doch tun sollten, wenn wir unseren Plan ändern, abbiegen und den donnernden Verkehr der Autobahn hinter uns lassen sollten, dann hätte dieser Abstecher nur ein einziges Ziel: auf einem bestimmten Parkplatz nahe am Meer ein kleines, leuchtendes Schild aufzustellen: Riposare è assumersi una risponsabilità – Ruhen heißt, Verantwortung übernehmen.

~

Wer ruht, gibt der Liebe Lebensraum.

Kapitel 17

Unser Sabbat-Modell

ES IST SAMSTAGABEND, Viertel nach sechs. Die Tageszeit, die bei uns *afton* heißt. (Für den späten Nachmittag bzw. frühen Abend gibt es im Schwedischen eine eigene Bezeichnung, die »afftunn« ausgesprochen wird, *Anm. der Übers.*) *Afton* ist ein Wort, das man, anders als früher, kaum noch verwendet. Das ist schade. Das Wort hat etwas Feierliches, und es wäre eine Schande, wenn das verloren ginge. Wenn meine Eltern ihre Freunde einluden, auf eine Tasse Kaffee vorbeizukommen, und zwar am *afton*, dann kamen die Gäste weder am Nachmittag noch am Abend. Die *Afton*-Zeit war eine eigene Größe irgendwo dazwischen.

Wenn man etwas für den *afton* vereinbarte, hatte man sowohl den Tag über als auch am Abend frei – als wäre der *afton* der Kleiderschrank aus den Narnia-Büchern von C.S. Lewis. Die Abenteuer auf der anderen Seite des Schranks geschehen dort ja auch unabhängig von der normal getakteten Zeit jener Welt, die die Kinder vorübergehend verlassen haben. Als sie zurückkommen, stellen sie fest, dass so gut wie keine Zeit vergangen ist.

Auf vergleichbare Gedankengänge stößt man auch in der Sabbatliteratur. Die Zeit verändert ihren Charakter und zugleich ihre Qualität. Vieles von dem, was über die

Sabbatfeier geschrieben wurde, beschäftigt sich mit diesem »Zwischenraum« in der Zeit, einem Stillstand, der die Welt aus unseren Zeitzonen herausnimmt und vorübergehend in ein Niemandsland verbannt. Der *afton* oder die Abenddämmerung sind weder das Ende des sechsten Tags noch der Beginn des siebten Tags. Es ist dieses Dazwischen, wie beim Sabbat.

In unseren Breitengraden, in denen sich aufgrund des Winkels, in dem die Sonne zur Erdachse steht, die Sonnenuntergänge länger hinstrecken als anderswo, ist diese Zeit wie geschaffen, um das Tempo zu drosseln und nachzudenken. Es gibt in der schwedischen Umgangssprache einen schönen und sprechenden Ausdruck dafür: »in der Abenddämmerung kauern«. Das heißt, dass man sich am späten Nachmittag, wenn die Sonne zu sinken beginnt, einfach auf einen bequemen Stuhl setzt. Man sitzt da und philosophiert, allein oder in Gesellschaft, und während man beobachtet, wie die Sonne sinkt, unterhält man sich leise oder hört Musik, oder man ist ganz einfach zusammen still. Wenn die Dunkelheit sich ausgebreitet hat, ist man fertig. Dann tastet man sich bis zur Küche vor und beginnt, das Essen vorzubereiten.

In unserem Lexikon wird das Wort *afton* kurz und klar mit »Abend« erklärt, aber dann folgt eine ganze Spalte mit zusammengesetzten Wörtern, die allesamt positive Gefühle wecken: Abendgebet, Abendsonne, Abendrot, Abendstern, Abendlied und Abendbrot. Jedes Wort birgt eine Fülle von Bildern und Gefühlen.

Weiter unten taucht auch »Abenddämmerung« auf, ein ebenso fantasieanregendes Wort. Die Rabbiner, die ihre religiösen Anweisungen gern mit bildlichen Vorstellungen verbanden, definierten die Abenddämmerung so: »vom Sonnenuntergang und so lange, wie das Gesicht des Ostens einen rötlichen Schein hat«. Ganz gewiss ist da Raum für etwas Fantasie, im Grenzland zwischen dem einen und dem anderen.

Einige Jahre lang pflegte ich eine bestimmte, kleine Gewohnheit, um den Übergang vom Alltag zum Feiertag zu markieren. Ein kleines Ritual, aus dem nie mehr wurde, das ich aber auch nie ganz aufgegeben habe. Für das Frühjahr, in dem ich meine Auszeit nahm, hatte ich mir deshalb vorgenommen, etwas zu schaffen, worüber ich schon seit mehreren Jahren nachdachte, ohne es rund und fertig zu bekommen: ein eigenes Sabbat-Modell.

Ich entschloss mich, den Übergang zwischen Alltag und Feiertag deutlicher zu machen – durch meine eigene Art der »Vollbremsung«. Wenn die Sache konkret wird, wie ich es jetzt versuche, besteht das Risiko einer Engführung, einer Lösung, die zu sehr auf die eigenen Bedürfnisse zugeschnitten ist. Aber das Risiko gehe ich ein.

Als der Zeiger auf 18 Uhr zugeht, nehme ich meine Siebensachen und setze mich nach draußen in den Garten auf eine Bank, die früher der Zeltmission diente und jetzt rot angestrichen ist.

Genau an diesem Tag spüre ich den Frühling in der Luft, es ist wohl der erste Samstag im Jahr, an dem man ohne zu frieren draußen sitzen kann. Neben mir auf der Bank steht das Radio, ein Modell, das mein Vater Kofferradio genannt hätte.

Ich mache mich fertig für meinen Ruhetag und sitze dabei auf einer Bank, auf der schon Generationen vor mir um diese Zeit gesessen haben. Ich stelle mir vor, dass hier eine ganze Reihe solcher Bänke steht, dass meine Vorfahren irgendwo hinter mir sitzen und hinter ihnen wiederum ihre Vorväter und -mütter. Sie alle haben den Übergang vom Alltag zum Sonntag ja immer bewusst begangen; erst in unserer Zeit ist diese Grenze verwischt worden.

Wenn Schlag 18 Uhr die Glocken der Kirche von Säve den Sonntag einläuten, nehme ich meine Uhr vom Handgelenk, stelle mein Handy auf lautlos und benutze es dann nur noch zum Kontakt mit der Familie und mit den allernächsten Freunden. Ich mache das nur, weil ich weiß, dass ich es anders nicht schaffe. Auch der Computer muss auf mich verzichten. Ich stelle mir vor, wie ich die Trennung von dieser Woche zur kommenden durch eine kleine Kerbe markiere und die zur Ewigkeit durch einen klaren Schnitt. In der Radiosendung »Zum Feiertag« läuten die Glocken irgendeiner der Kirchen im Land, und ihr Klang vermischt sich mit den Glocken unserer Dorfkirche. Gerade an diesem Samstag ist es die Autorin Maria Küchen, die spricht. Sie spricht vom Schmerz und dass er zum Menschen gehört, und sie zitiert eine von Schmerzen gequälte Freundin: »Es ist immer furchtbar, aber in mir steckt ein Mensch, den der Schmerz nicht wird besiegen können.«

Sie liest ein Bibelwort, das auffordert, den Blick auf das Unsichtbare zu richten, und ich nehme das alles zusammen – das Wort, die Musik, den Rhythmus – in die folgenden 24 Stunden mit. Samstag, 18 Uhr, bis Sonntag, 18 Uhr. Eigentlich eine verschwindend kurze Zeit. Aber es ist eine besondere, abgesonderte Zeit. Eine Zeit, in der ich mich für das eine verschließe und für das andere öffne. In religiöser Sprache ausgedrückt: eine Zeit, die ich »heilig halte«.

Weil die Sonne in dieser Jahreszeit schon recht spät untergeht, bleibe ich, nachdem die Radiosendung vorbei ist, noch eine Weile draußen sitzen, bevor wir gemeinsam mit der Vorbereitung des Abendessens beginnen. Es ist, als ob wir einen Raum vermessen würden, einen Raum in unserem Leben, der jetzt nichts anderem dient als dem Vorbereiten der Mahlzeiten, dem Essen, dem Zusammensein mit Freunden, Vorlesen, Spielen, dem Gottesdienst und dem Kaffee danach, den Spaziergängen und dem Mittagsschlaf. Und wir schaffen alles aus dem Raum heraus, was dabei stören könnte: Handys, Mailverkehr, Fernsehen, Kalender. Und soweit es möglich ist, vermeiden wir den Umgang mit Geld.

Keins dieser Dinge ist schlecht oder schädlich. Wir sortieren sie aus einem anderen Grund aus. Sie lenken die Gedanken in eine andere Richtung, sie bringen uns dazu, das, was wir haben, für etwas anderes aufzugeben. Trotzdem haben wir aus Sicherheitsgründen einige Ausnahmeregeln vereinbart. Selbstverständlichkeiten, zum Beispiel, dass wir, wenn wir an einem Sonntag Dienst haben, einen Arbeitstag heiligen. Und wir versichern einander, dass wir unsere eigenen Regeln nicht zu engherzig auslegen wollen. Alle guten Regeln brauchen eine Ausnahme, aber es ist nicht klug, die Ausnahme zur Regel zu machen.

Im Radio hörte ich eine Frau, die erzählte, dass sie an irgendeiner Form von religiösem Ritual teilgenommen hatte. Ihr Erlebnis fasste sie in die Worte: »Das Ritual berührte etwas in mir, das ganz weit, irgendwie ausgedehnt ist.« Schöne Worte, um ein Ritual zu beschreiben, aber auch das Große, das manchmal in einer bestimmten Routine steckt. Die feste Ordnung, so einfach sie auch sein mag, kann eine Form sein, die etwas unerwartet Großes birgt. Seine Zeit, seine Dinge und seine Beschäftigungen in eine gewisse Form zu gießen, kann mehr Kraft freisetzen, als man zunächst meint.

Im besagten Frühjahr fand ich in unserer Lokalzeitung eine Einladung zu einem Vortrag unter der Überschrift »Verändere deine Gedanken, dann veränderst du dein Leben«. Ich war drauf und dran, die Veranstaltung zu besuchen – es liegt ja viel Wahres in diesem Satz –, aber ich sah auch ein, dass ich schon allzu oft versucht hatte, meine Gedanken zu verändern, nur um dann zu entdecken, wie schnell sie wieder auf die alten Geleise gerieten. Ich glaube deshalb, dass es auf dem umgekehrten Weg besser funktioniert: Verändere dein Leben, dann verändern sich deine Gedanken. Angeblich muss man eine Sache 21-mal machen, damit sie zur Gewohnheit wird. Und erst indem man etwas tut, versteht man, warum man es tun soll.

Es ist interessant, dass das Wort »Appetit« vom lateinischen *ad petere* kommt: nach etwas greifen, streben, verlangen. Es geht um die Richtung, in die es einen zieht, und wenn man sich in diese Richtung bewegt und die Ausrichtung nicht verliert, kommt man dem Ziel näher.

Beim Schaffen eigener Rituale kann man sich ruhig die Bausteine hier und dort ausleihen. Damit dabei aber etwas herauskommt, das auch langfristig trägt, ist zum einen wichtig, dass man mit Material baut, das einem vertraut ist – das Gras auf der anderen Seite des Zauns muss nicht unbedingt grüner sein –, und zum anderen, dass man einen langen Atem hat. Vielleicht sogar ein bisschen starrköpfig ist. Was C.S. Lewis über die Liturgie schrieb, stimmt auch für Rituale, die sich »gesetzt haben« und zu etwas Eigenem geworden sind: »Ein guter Schuh ist ein Schuh, den man nicht spürt.«

Unser Motto ist einfach: Wir wollen aufatmen. »… am siebten Tag ruhte er und atmete auf« (2. Mose 31,17, EÜ). Wir machen es Gott nach. Das ist überhaupt einer der ältesten und besten geistlichen Ratschläge, die wir haben: »Be imitators of God«, wie die englische Bibelübersetzung sagt (Epheser 5,1, English Standard Version). Mach's wie Gott. Dass wir ihn nachmachen, berührt die Woche über alle Prozesse unseres alltäglichen Arbeitslebens, bei denen wir kreativ sind oder etwas entwickeln, aber einen Tag lang machen wir ihn nach, indem wir ruhen.

Das ist unser Sabbat-Modell. Es darf sehr gerne Ihres werden. Oder das Ihrer Freunde oder ganz fremder Menschen. An anderen Orten kann es ganz anders aussehen als bei uns. Der Fantasie sind keine Grenzen gesetzt. Ich glaube, es ist möglich, dass man, ausgehend von den eigenen Gegebenheiten, eine Form schafft, die viel – vielleicht sogar das meiste – von dem enthält, was zum innersten Wesen und zum Segen des Sabbats gehört. Unabhängig von der persönlichen Frömmigkeit. Und das ist der Mühe wert. Oder, um es mit den Worten Benedikt von Nursias zu sagen: »Halte die Ordnung, dann wird die Ordnung dich halten.«

Vieles von dem, was über die Sabbatfeier geschrieben wurde, beschäftigt sich mit diesem „Zwischenraum" in der Zeit, einem Stillstand, der die Welt aus unseren Zeitzonen herausnimmt und vorübergehend in ein Niemandsland verbannt.

Kapitel 18

In der ewigen Ruhe pulsiert das Leben

DAS EWIGE LEBEN wird manchmal als eine ewige Ruhe beschrieben. Manche Menschen wehren sich aber gegen diese Vorstellung, denn eine solche Zukunft wäre ja wohl unendlich langweilig. Eine Weile zu ruhen, um dann die Aufgaben und Herausforderungen wieder in Angriff zu nehmen, ist das eine, aber »den Rest der Ewigkeit« zu ruhen, ist vermutlich so aufregend, als würde man der Wandfarbe beim Trocknen zusehen. Als wäre der Himmel ein gigantischer Schlafsaal für alle, die das Erdenleben hinter sich haben, ein kosmisches Spa-Bad, das unendlich oft wiederholt wird.

Aber wenn die Ruhe ganz etwas anderes wäre? Wenn das Leben in ihr nur so pulsieren würde, wie ich es zu Beginn des Buchs geschrieben habe? Und was passiert, wenn man den Sabbat als Vor-Bild für das nimmt, was kommen wird? Dass ich hier »kommen wird« schreibe, verrät, dass ich zu denen gehöre, die an ein Leben glauben – nicht nach diesem, sondern in Fortsetzung unseres jetzigen Lebens. Ich glaube, dass das menschliche Leben »per Definition« ewig ist.

Es gibt den Tod, und auch in der christlichen Erfahrungswelt ist er endgültig und schmerzhaft, weil er uns voneinander trennt. Aber der christliche Glaube hat dazu noch mehr zu sagen. Wenn man an der äußersten Grenze des Lebens steht und gezwungen ist, jemanden loszulassen, den man liebt, hören die Fragen auf, akademisch zu sein. Sie werden zudringlich und von blutigem Ernst. Dabei behauptet die Bibel unzweifelhaft, dass der Tod besiegt ist. Er hat seinen Meister gefunden, und deshalb ist der Tod kein Schlusspunkt, sondern der Übergang zu einer neuen Dimension des Lebens. Wir werden aufhören zu sterben. Das Leben auf der Erde war ein Wachsen und Knospen, aber nun wird es endlich zur Blüte kommen.

Hier stehen die biblischen Bilder sozusagen Schlange: Da ist das Fest, das Wiedersehen, Essen und Trinken, Gesang und Tanz. Und da ist Entwicklung – alles, was zum Sabbat gehört, wenn auch erst nur als Kostprobe.

Ich bin zurück an dem Punkt, an dem ich begonnen habe: auf der Küchenbank bei mir zu Hause. Ich versuche die täglichen Momente der Ruhe mit der wiederkehrenden wöchentlichen Ruhe und mit einer Zukunftshoffnung zu verbinden, die diesen Namen verdient. So vieles kommt einem in den Sinn, wenn man sich entspannt, Empfindungen, die man gar nicht wahrnimmt, wenn man in voller Fahrt ist, Lockrufe eines vertieften Lebens, Heimweh und der Glaube, dass unsere flüchtigen Jahre zu einem größeren Ganzen gehören.

Seit einigen Wochen komme ich immer wieder hierhin zurück und versuche, ohne innere Befangenheit auf solche schwachen Signale zu hören. Die Küchenbank soll für mich eine Landebahn der Ewigkeit werden. Mir ist sehr bewusst, dass ich mich da auf einem Terrain bewege, auf dem es keine Beweise und Gegenbeweise gibt, und doch gestatte ich meinen Gedanken, um die Ewigkeit zu kreisen. Ganz frei umherschweifen lasse ich sie nicht, denn ich verankere mein Nachdenken in biblischen Texten, schließlich habe ich die Bibel zum Kiel meines Lebensschiffs gemacht. Dabei fühle ich mich in der Auswahl der Texte ganz frei.

Aus einigen losen Planken baue ich in Gedanken ein provisorisches Gerüst für meine Hoffnung. Planke für Planke.

DIE ERSTE PLANKE ist der Gedanke, *dass die ewige Ruhe voller Leben ist*. Ich habe weiter oben zu schildern versucht, wie Gott die einzelnen Schöpfungstage mit verschiedenen Arten von Leben füllte. Da gibt es Vielfalt und Abwechslung, Geschnatter und Stille, unvorstellbar schnelle Geparden und unfassbar tranige Schnecken. Da gibt es Platz für jeden: den Siebenschläfer und den Steinbutt. Und als Gott am siebten Tag die Ruhe schafft, lässt er sie nicht leblos sein, sondern lebendig, tätig, heilend und sinnenfroh. Und die Bibel behauptet, dass wir auf dem Weg zu genau dieser Ruhe sind. Zu Gottes Ruhe.

DIE ZWEITE PLANKE ist der Gedanke: *Weg und Ziel kann man nicht trennen*. Es gibt nicht den Weg, der das Ziel ist, wie oft gesagt wird. Es ist sinnvoll, den Weg zu gehen, weil er zu etwas führt. Welches Bild wir von der ewigen

Ruhe haben, entscheidet sowohl über unseren Weg dorthin als auch über unser Ruhen.

Was unsere Ruhe stört, ist oft der Berg von Dingen, die vor uns liegen. Sachen, mit denen man spät dran ist, die man längst erledigt haben sollte, andere, die man vorbereiten müsste, Mails, die man dringend schreiben sollte, damit andere nicht mit ihren Aufgaben ins Schlingern kommen, und so weiter, und so weiter. Der Gedanke an all das füllt unsere Ruhe mit Stress. Wie kann man bloß die Ruhe mit Ruhe füllen?

Die Art, wie die Juden ihren Sabbat feiern, ist ein Versuch, in ihrem Haus und Leben vorübergehend eine andere Zeitrechnung einzuführen. Sie füllen den inneren Raum mit Dingen und Ritualen, die andere Assoziationsketten in Gang setzen, als der Alltag es tut. Sie bauen ein Modell der Welt, die einst kommen soll, und ziehen probehalber schon einmal dort ein. Sie leben das »Als ob«: als ob das Kommende schon da wäre.

> Es ist also noch eine Ruhe vorhanden für das Volk Gottes. Denn wer zu Gottes Ruhe gekommen ist, der ruht auch von seinen Werken so wie Gott von den seinen.
> (Hebräer 4,9.10)

Diese wenigen Zeilen sagen eigentlich fast alles. Das Ziel bestimmt den Weg.

Das Ruhen ist in der geistlichen Literatur ein fester Begriff: in Gott ruhen, im Geist ruhen, im Glauben ruhen. Die Ruhe ist das Ziel des Glaubens, aber auch der Weg dorthin. In der Ruhe öffnet sich der Weg. Man geht in die Ruhe hinein, wie man einen anderen Raum betritt, und man tut das, um diesen Raum nie mehr zu verlassen. Eine schönere Beschreibung des Todes kann ich mir gar nicht vorstellen: in Gottes Ruhe eingehen.

Der Mensch ist unterwegs zum siebten Tag, dem ewigen Ruhetag, und wenn das wahr ist, dann hängt natürlich alles davon ab, wie dieser Raum – die Ruhe – beschaffen ist. Die Parallelen zwischen dem Sabbat und dem ewigen Leben sind zahlreich. Wenn man sich die Verbindung zwischen beiden vor Augen führt, landet man allerdings leicht beim Volksglauben, man säße dort dereinst auf einer Wolke und spiele Harfe – und das jahrtausendelang. Der Bibel ist solche Monotonie fremd. Dort tritt einem stattdessen das Bild eines Fests entgegen, das besser und immer besser wird, ein gedeckter Tisch, ein Ort, an dem man sich wiedererkennt und wo man wiedervereint wird, Gesang, Tanz, Essen und Trinken. Oder, mit den Worten des Karmelitermönchs Wilfried Stinnisen gesprochen: »In der ewigen Ruhe pulsiert das Leben.«

Die dritte Planke an meiner provisorischen Hoffnungsbaustelle ist der Gedanke, *dass die Ruhe eine wache Ruhe ist.*

> Mich aber sprichst du frei von Schuld. Mit eigenen Augen werde ich dich schauen dürfen. Satt sehen will ich mich an dir, wenn ich erwache. (Psalm 17,15, HFA)

Das Leben endet nicht damit, dass wir das Licht ausmachen und Gute Nacht sagen. Nach dem Schlaf kommt das Erwachen zu einem neuen Tag. Nach guter Nacht kommt guter Morgen. Manchmal sagen wir ja von jemandem, der gestorben ist, er sei »eingeschlafen« oder »entschlafen«. Der christliche Glaube geht aber einen Schritt weiter, und dieser Schritt findet sich auch schon in der Art, Sabbat zu feiern. Am Sabbat begeht man nicht nur einen Abend, sondern auch einen Morgen, und man bekommt in der Morgendämmerung eine Ahnung von dem Tag, der naht.

Ich denke manchmal darüber nach, wie merkwürdig doch der Schlaf ist. Dass mein immer aktiver, rastloser, ständig herumwuselnder Körper plötzlich sieben oder acht Stunden lang einfach still daliegt. Es ist, als glitte man in eine andere Existenzform.

Im Erleben des Schlafenden vergeht eigentlich gar keine Zeit zwischen dem Einschlafen und dem Erwachen. Der Wecker schellt einen Augenblick nach dem Einschlafen. Im Schlaf herrscht eine andere Zeitrechnung als im wachen Leben. Als Kind war das mein Trick, wenn ich am Abend vor meinem Geburtstag, vor einer Reise oder vor Weihnachten nicht einschlafen konnte. Ich sagte mir: »Wenn ich nur einen Augenblick einnicke, dann ist Weihnachten, wenn ich aufwache!« Heute ist mir diese Art zu denken immer noch ein Trost, nicht zuletzt, wenn ich an die denke, die ich geliebt und verloren habe. Aus ihrer Perspektive ist es nur ein Augenblick, bis wir uns wiedersehen. Wenn wir aufwachen, sind wir zusammen. »Sterben bedeutet nicht, dass uns das Licht genommen wird. Es heißt, dass man die Lampe löscht, weil der Morgen heraufzieht«, schreibt die US-amerikanische Autorin Barbara Johnson.

Bei der vierten Planke geht es darum, *dass die Ruhe die Chance bietet, sich »vorauszuerinnern«*. Ich komme zu einem Gedanken zurück, der sich auf den ersten Seiten dieses Buchs findet: Wer ruht, streckt sich auf die Zukunft hin aus, nur um zu entdecken, dass die Zukunft ihm entgegenkommt. So wie das Vergangene einem in der Ruhe nahekommt, scheint sich auch die Zukunft bemerkbar zu machen.

Dass mein Vater in meinen Gedanken wieder auftaucht, ist nicht erstaunlich, aber nun verblüfft es mich, dass er sowohl aus der Vergangenheit als auch aus der Zukunft kommt. Genau wie Abraham, Isaak, Mutter Teresa und alle, die mir nah und lieb und die vor mir gegangen sind. Die Ruhe weckt die Erinnerung an eine Begegnung, die noch nicht stattgefunden hat. Das ist keine Art, sich in Träume zu verlieren, sondern eine Art, das Zukünftige an sich heranzuziehen.

Um keine Verwirrung zu stiften: Hier gibt es einen klaren Unterschied zwischen Flucht und Traum. Man flieht, um der Wirklichkeit zu entkommen. (Tag-)träumen tut man oft mit dem entgegengesetzten Ziel: um die Wirklichkeit zu bewältigen.

Träume gehören zu unseren stärksten Antriebskräften. Es passiert mir oft, dass ich dasitze und an meinem Computer Reisen plane. Ich suche Flüge nach Malaga, Hotels in Lissabon und Bilder von italienischen Bergdörfern. Gibt es da einen schönen Marktplatz? Sieht das aus, als könnte man dort einen guten Kaffee trinken? Dank Google Earth lande ich auf Plätzen, die ich vermutlich nie im Leben besuchen werde. Ist das meine Art, einem allzu grauen Alltag zu entfliehen? Überhaupt nicht. Ich gehöre zu den Glücklichen, denen ihr Leben gut gefällt. Trotzdem sehne ich mich manchmal fort – ein Hinweis darauf, dass Sehnsucht nicht gleichbedeutend mit Flucht ist. Es ist nur die Offenheit zu etwas anderem hin, etwas, an dem man sich für eine Weile wärmen kann, ohne dass man es unbedingt real werden lassen muss. Es genügt zu wissen, dass es dieses andere gibt.

Die Sehnsucht ist lebenswichtig, um sein Leben »einen Spalt weiter zu machen« und zu öffnen. Die Sehnsucht ist nicht das Sahnehäubchen obendrauf oder die letzte Würze, die noch fehlte. »Wir müssen eine Sehnsucht haben, um leben zu können«, schrieb Olle Svensson in einem seiner bekanntesten Gedichte und nannte, was dem Menschen zu eigen sein muss, »ein Da-draußen, ein Meer, eine Aussicht, etwas anderes, ein Jenseits-von-alledem, ein kaputtgesägtes Gitter unserer Gefängniszelle, von dem niemand weiß«.

Werner Aspenström hat irgendwo geschrieben, dass man verrückt wird, wenn man nicht träumt. Aber wenn der Traum gerade am besten ist, »wird er immer vom Verstand geweckt, der ihm ein anständiges englisches Frühstück serviert«. Ich glaube, dass wir uns solchen Träumen häufiger widmen, als uns klar ist. Ich selbst studiere zum Beispiel gründlich die Anzeigen der Reiseveranstalter in unserer Zeitung, besonders die unter der Überschrift »Last minute«. Wenn ich auf etwas Interessantes stoße, rufe ich zu Lotta hinüber: »Am Donnerstag gibt es einen Flug nach Sorrent für 2995 Kronen!«

Sie antwortet aus dem Badezimmer, wo sie ihre Haare föhnt: »Das ist ja echt günstig!«

Dann höre ich, wie sie den Föhn wieder in Gang setzt und sich fertig macht. Und wir fliegen nie nach Sorrent. Aber es tut so gut, ein bisschen zu träumen. Träumen ist fast wie Reisen.

Daran denke ich manchmal, wenn ich alten Menschen begegne, die mir erzählen, dass sie sich nach dem Himmel sehnen. Wer ihren Glauben abtun will, kann behaupten, dass diese Menschen sich Tagträumen hingeben, statt in der Gegenwart zu leben. Ich teile diese Sicht nicht. Ich glaube vielmehr, dass sie schon die Reife erlangt haben, die ihnen erlaubt, ihre Sehnsucht zu spüren und zu ihr zu stehen. Sie weigern sich, ihr Leben auf das Zeitliche einzuengen, und lassen lieber schon etwas Himmelsluft in ihre Lungen strömen. Ihre Sehnsucht weist auf das Hier, nicht auf das Dort.

DIE FÜNFTE PLANKE steht für *die Fähigkeit, mit mehreren Zeitvorstellungen gleichzeitig zu leben.*

»Die Zeit ist für alle gleich«, heißt es. Aber das stimmt natürlich nicht. Der Einsame, der unfreiwillig in einem Meer von Zeit treibt, wäre glücklich, wenn jemand in sein Leben einbrechen und auf einen Teil seiner Zeit Anspruch erheben würde. Der rund um die Uhr Gestresste träumt dagegen von nur einem halben Tag ohne Termine.

Wie schnell die Zeit vergeht, hängt auch von den Umständen ab. Die Verliebtheit sprengt jedes Zeitraster und fragt nicht um Erlaubnis, genau wie die Diagnose einer schweren Krankheit. Wer von einer Beerdigung kommt und wieder in den Verkehr einer viel befahrenen Straße eintaucht, weiß, dass die Zeit nicht für alle dasselbe bedeutet. Mithilfe der Sprache müssen wir deshalb manchmal den Zeitbegriff aufbrechen und für eine andere Zeitrechnung Platz machen. Für das, was wir da spüren, fehlen nämlich Vokabeln. Wir sprechen deshalb manchmal von »Ewigkeitsmomenten«, davon, dass ein »Hauch von Ewigkeit« zu spüren war oder von einem »ewigen Jetzt«.

In der Ruhe reicht man an solch eine andere Zeitrechnung heran. Man klinkt sich nicht nur aus dem laufenden Betrieb aus, man klinkt sich auch ein: in eine größere Wirklichkeit. Beim Nachdenken darüber kann einem schwindelig werden. Ewigkeit, mitten in der Zeit. Das Gegenwärtige, Gewöhnliche ernst nehmen und sich gleichzeitig für das Ewige öffnen. Die eigene Küchenbank kann dabei sehr gut als Tor ins unermesslich große Weltall dienen. Aber um dieses Tor zu öffnen, muss man festen Boden unter den Füßen haben.

DIE SECHSTE PLANKE steht für den *Glauben an die Auferstehung der Toten*. Ein Glaube, der das, was kommt, für entscheidender hält als das, was war.

Als ich meinen Roman »Tusen olevda liv finns inom mig«[15] schrieb, lieferte mir der schreibende Fabrikarbeiter Birger Norman (1914–1995) das ergiebigste Material, wenn es um das Nachdenken über Glaubensdinge ging. Birger Norman pflegte ein großes Wahrheitspathos und war in seinem christlichen Glauben unerschütterlich.

Außerdem ist er der Stolz meiner Heimat im nördlichen Schweden. Er gehörte nicht zu denen, die lang und breit über ihren Glauben räsonieren, aber wenn er darüber sprach, dann mit vielschichtigen Bildern.

Während der Recherchearbeiten zu meinem Buch besuchte ich die wenigen Zeitgenossen von Norman, die heute noch leben. Einer von ihnen wies mich auf einige Aufzeichnungen von ihm hin. In einem seiner Skizzenblöcke zitiert Norman einen amerikanischen Psychotherapeuten, der glaubte, die menschliche Angst rühre daher, dass wir nach unserer verlorenen Nabelschnur suchten. Der Therapeut gab seinen Klienten eine Nabelschnur aus Plastik und ließ sie einige Sitzungen lang ihre Geburt nacherleben.

»Er ist auf der richtigen Spur, aber er zieht unmögliche Schlüsse daraus«, schrieb Birger Norman. Und weiter: »Die Geburt ist einzigartig; sie geschieht ein einziges Mal. Man kann sie nicht noch einmal erleben. Aber schon im Moment der Geburt greift der Tod nach uns. Das ist es, woran einige sich zu erinnern scheinen. Das ist es, was uns erschüttert, an uns rüttelt und uns packt. Die Welt unterliegt dem Tod und der Vergänglichkeit. Es gibt keine Nabelschnur, die uns zurückführt. Aber hier in der Welt hat sich etwas ereignet: die Auferstehung von den Toten. Eine Nabelschnur, die am anderen Ende festgemacht ist. Nach ihr greife ich.«

Das Bild von der Nabelschnur ist, je mehr man darüber nachdenkt, ein wirklich starkes Bild für Hoffnung. Die Nabelschnur ist wie das Rettungstau, das man einem Ertrinkenden zuwirft, wie eine »Pipeline«, durch die das

Kind ernährt wird. Durch sie fließt, was das Leben möglich macht. Wenn die Nabelschnur durchtrennt wird, ist das kleine Kind vollständig davon abhängig, dass jemand es ernährt, versorgt und pflegt. So prekär, so heikel beginnt unser Leben.

Später folgt, was wir Selbstständigkeit oder Autonomie nennen. Wir kommen, so scheint es wenigstens, allein zurecht. Erst wenn das Leben auf sein Ende zuzugehen beginnt, wächst wieder unsere Abhängigkeit von anderen. Doch da ist nirgends eine Nabelschnur, mit der man sich verbinden könnte.

»Aber hier in der Welt hat sich etwas ereignet: die Auferstehung von den Toten. Eine Nabelschnur, die am anderen Ende festgemacht ist. Nach ihr greife ich«, schrieb Birger Norman in seinen Skizzenblock.

In dieses Leben hinein fließt ein Lebensstrom aus der Welt, die einmal unsere sein wird.

DIE LETZTE PLANKE ist eine ganz besonders gestaltete, gestrichen in schönen, frischen Farben. Auf ihr steht nur ein Wort: *Fest*. Das Bild vom Fest ist wohl das, was sich am meisten durchgesetzt hat, wenn es um die Ruhe bei Gott geht. Da werden keine kleinen Feste geschildert, oft sind es Hochzeiten. Lange Tafeln sind gedeckt. Jesus sagt, dass wir einst mit ihm in seinem Reich essen und trinken werden. Und so wie Ingvar Kamprad, der Gründer von IKEA, ganz Schweden möbliert hat, so werden es Bauteile aus unserem Leben sein, die die Ewigkeit ausstatten, die Gott geschaffen hat.

Unser Leib wird mit dabei sein, wenn auch in einem

verherrlichten Zustand. Unser Name steht auf der Gästeliste. Wir werden mit Abraham und Isaak zu Tisch sitzen, und wenn wir die erkennen, dann müssen wir doch alle wiederzuerkennen sein.

Im Neuen Testament heißt das Schlüsselwort für das ewige Leben »zusammen«. Zusammen mit Gott, aber auch zusammen mit den anderen.

In der Bibel wird der Mensch einmal mit einem Samenkorn verglichen, das in die Erde gelegt wird. Wenn dieser Same in der Ewigkeit aufwächst, bleibt seine Eigenart bewahrt: »Gott gibt ihm die Gestalt, die er vorgesehen hat, jedem Samen eine andere« (1. Korinther 15,38; EÜ). Was hier gesät wird, wird dort auferstehen. Nichts anderes, nichts Geglättetes, nichts Gleichgeschaltetes, kein Massenprodukt. So gesehen muss es im Himmel genauso bunt und überraschend zugehen wie auf der Erde. Und da ahnen wir auch schon, dass es beim Glauben an das ewige Leben um mehr geht als um unsere private Seligkeit.

Jeder Mensch ist eine Stimme, die zu einem Chor gehört, zu einem Klangkörper. Der Lobgesang wird ein ständig sich erneuerndes Gefühl sein, nichts, das sich wiederholt, sondern ein kreatives und sich entwickelndes Tun, das den Himmel in Ewigkeit erfüllen wird.

Und wenn es stimmt, dass Wachstum die Schlüsselidee des Lebens ist, dass die Schöpfung immer noch in Entwicklung begriffen ist, dann wäre es ja unlogisch, zu glauben, dass das alles aufhört und das ewige Leben ein unveränderlicher Zustand ist. Wie die Schöpfung dieser Welt an den verschiedenen Schöpfungstagen von einfachen zu komplexeren Lebensformen voranschritt, so wird es auch in der Ewigkeit eine fortgesetzte Steigerung geben, glaube ich. Die Schöpfung geht weiter, und sie wird nie fertig sein.

Und so warte ich in Ruhe auf den Tag, an dem mein provisorisches Baugerüst in sich zusammenfällt angesichts einer Wirklichkeit, die es nicht abbilden konnte. Und die doch mein Leben bis ins Kleinste geprägt hat.

Das Bild vom Fest ist wohl das, was sich am meisten durchgesetzt hat, wenn es um die Ruhe bei Gott geht.

Epilog

Mit einigen Kindern unserer Freunde standen wir am Grab unserer Söhne. Es war der Geburtstag von Ludvig, unserem Jüngsten. Wir stellten unsere Blumensträuße in den Schnee und bemerkten, dass einige unserer Freunde schon Blumen gebracht hatten, so wie sie es seit seinem Tod jedes Jahr tun.

Dann strichen wir mit der Hand über den kalten Stein und sagten: »Herzlichen Glückwunsch zum Geburtstag!«

Plötzlich meinte eins der Kinder: »Aber wir müssen doch auch singen!«

»Ja …«, sagte ich etwas zweifelnd. »Aber was sollen wir denn singen?«

Ohne zu zögern sagte der Junge: »Hoch soll er leben!«

Für einen Moment wussten wir nicht, ob wir lachen oder weinen sollten. Wir entschlossen uns zu lachen, und dann sangen wir: »Hoch soll er leben …«, so laut, dass man es bis zur Kirche hörte.

Erst im Nachhinein ging mir auf, dass dies die ewige Hoffnung in gesungener Form ist, und außerdem stimmt es mit dem innersten Wesen des Sabbats überein – dem »sich voraus Erinnern«. Oder, mit den Worten von Sr. Sofie gesagt: Das verlorene Paradies ist geöffnet.

So interessant es auch ist, hier und heute zu leben, so kommt mir der Gedanke doch immer öfter, er durchdringt mein Leben und mischt sich hinein in die Liebe, in alle Reisen, in jedes Abenteuer. Der Gedanke, der mir mit den Jahren wichtig und immer wichtiger wird: Eine Sabbatruhe steht noch aus.

Wie schön das sein wird!

Anmerkungen

[1] Göran Larsson: Tid för Gud. Judiska och kristna perspektiv på de judiska högtiderna (Skrifter om judisk och kristen tro och tradition), Arcus-Verlag, Lund 2006, nicht auf Deutsch erschienen.

[2] Abraham Joshua Heschel: The Sabbath. Its meaning for Modern Man, Farrar, New York 1951, dt.: Der Sabbat. Seine Bedeutung für den heutigen Menschen, Neukirchen-Vluyn 1990.

[3] Eviatar Zerubavel: The Seven Day Circle. The History and Meaning of the Week, Free Press u.a., New York u.a. 1985; Judith Shulevitz: The Sabbath World. Glimpses of a Different Order of Time, Random House, New York 2010, beide Bücher sind nicht auf Deutsch erschienen.

[4] Die deutsche Ausgabe ist unter dem Titel „Die Bibel & ich. Von einem, der auszog, das Buch der Bücher wörtlich zu nehmen" erschienen; aus dem Amerikanischen von Thomas Mohr, Ullstein, Berlin 2008.

[5] Ulla-Britt Berglund: De tio budorden för vår tid, Forum, Stockholm 2010, nicht auf Deutsch erschienen.

[6] Martin Lönnebo, Tomas Sjödin: Väder, vind och livets allvar, Cordia, Örebro 2005, nur auf Schwedisch erschienen.

[7] Aus: Tito Colliander: Måltid, Schildts, Helsingfors 1973, nicht auf Deutsch erschienen.

[8] Sara Maitland: A Book of Silence, Granta Books, London 2009, nur auf Englisch erschienen.

[9] Lin Yutang: Weisheit des lächelnden Lebens, auf Deutsch ist das Buch 1937 das erste Mal erschienen; seitdem wurde es immer wieder aufgelegt, zuletzt 2004 vom Insel-Verlag.

[10] Juliet B. Schor: The Overworked American. The unexpected Decline of Leisure, Basic Books, New York 1991, nicht auf Deutsch erschienen.

[11] Wayne Muller: Sabbath. Restoring the Sacred Rhythm of Rest, Bantam Books, New York 1999, nicht auf Deutsch erschienen.

[12] Peter Toohey: Boredom. A Lively History, Yale University Press 2011, nicht auf Deutsch erschienen.

[12] Peter Toohey: Boredom. A Lively History, Yale University Press 2011, nicht auf Deutsch erschienen.

[13] Charles Baudelaire: Trübsinn, in: Les Fleurs du Mal/Die Blumen des Bösen, übersetzt von Terese Robinson (1925).

[14] „Klippa, du som brast för mig", Lied 230 im schwedischen Gesangbuch, eine Übersetzung des englischen „Rock of Ages" von Augustus Montague Toplady (1775), wörtlich übersetzt: „Fels, der du für mich zersprungen bist".

[15] Übersetzt: „In mir gibt es tausend ungelebte Leben", Libris, Örebro 2012, nicht auf Deutsch erschienen.

Tomas Sjödin, Martin Falk (Sprecher)

Still – Warum Ruhe unsere Rettung ist

Hörbuch-MP3

Das Hörbuch zum Bestseller von Thomas Sjödin.
Gelesen von Martin Falk.

CD – Nr. 978-3-7751-5778-0